초예측

MIRAI WO YOMU

초예측

SUPER-FORECAST

세계 석학 8인에게 인류의 미래를 묻다

유발 하라리·재레드 다이아몬드 외 지음
오노 가즈모토 엮음 | 정현옥 옮김

웅진 지식하우스

일러두기

본문은 원서의 인터뷰 형식을 따랐으며 질문자의 말은 별색으로,
저자의 답변은 검정색으로 구분했다.

프롤로그

이 책은 진화생물학, 역사학, 경제학 등 각 분야에서 활약하는 세계 석학들과 다가올 세상에 관해 나눈 대담을 엮은 것이다. 여러 나라를 오가며 혜안이 있는 거장들을 취재한 결과, 그들이 향후 미래를 결정짓는 요인으로 주목한 것은 '인공지능'과 '격차'였다.

우선 인공지능^{Artificial Intelligence, AI}이 미래를 좌우할 것이라는 사실에 이의를 제기하는 사람은 없을 것이다. 지난 2015년에는 구글 인공지능 프로그램인 알파고^{AlphaGo}가 최초로 프로 바둑 기사를 무너뜨렸다는 뉴스가 대대적으로 보도되어 전 세계를 충격에 빠뜨렸다. 오늘날 많은 사람들은 인공지능이 일자리를 빼앗을 뿐만 아니라 인류의 생존 자체를 위기에 빠뜨릴 수 있다는 사실을 제대로 인식하기 시작했다.

20세기 말에서 21세기 초에는 컴퓨터, 인터넷 등 정보 통신 기술을 동력으로 하는 3차 산업혁명이 일어났다. 그로 인해 사람들, 사물들 사이에 새로운 연결망이 구축되어 토머스 프리드먼의 주장처럼 세계는 '평평'해졌다.

그 뒤를 이을 4차 산업혁명은 인공지능이 이끌 것으로 보인다. 인공지능은 건강과 의료, 주거, 교육, 식생활 등 우리 삶 전반을 송두리째 바꿀 것이다. 또한 일의 형태와 성격에도 큰 변화를 불러올 것이다.

그렇다면 지금은 3차 산업혁명이 무르익고 4차 산업혁명이 발아하는 과도기라고 할 수 있지 않을까. 2016년에 영국이 유럽연합EU을 탈퇴한 사건인 일명 '브렉시트Brexit' 사태가 보여주듯, 세계화가 심화됨에 따라 격차와 분극화polarization가 발생해 피로감이 고조되고 있는 한편 인공지능이 이끄는 혁명이 막 발흥하기 시작했으니 말이다.

혁명은 사회를 극적으로 바꾸기도 하고, 기존의 가치관을 무너뜨리고 새로운 가치관을 세우는 계기가 되기도 한다. 이 책은 미래의 새로운 가치가 어디를 향하는지 일깨워줄 것이다.

지식의 거장이 예견하는 미래

◇◇◇◇◇◇◇◇◇

간단히 책의 내용을 소개하면 다음과 같다. 먼저 방대한 인류사를 거시적으로 조망하고 사피엔스의 미래를 전망하는 통찰력으로 전 세계를 매료시킨 베스트셀러 『사피엔스』(김영사)의 저자 유발 하라리를 만났다. 그는 가까운 미래에 인공지능이 더 발전하면 대다수 인간이 정치적, 경제적 가치를 잃은 '무용 계급useless class'으로 전락할 거라고 내다본다. 그의 논리적 설명에 반박할 여지는 거의 없다.

다음에는 『사피엔스』의 원조라고 할 수 있는 퓰리처상 수상작 『총, 균, 쇠』(문학사상)를 비롯해 다수의 저작을 집필한 세계적 문화인류학자이자 진화생물학자 재레드 다이아몬드가 나온다. 그는 인공지능에 의해서든 다른 그 무엇에 의해서든 국가 간 격차가 확대되면 앞으로 여러 문제들이 발생할 것이라 예측한다. 특히 세 가지 문제, 즉 신종 전염병의 확산, 테러리즘의 만연, 타국으로의 이주 가속화를 지적하며 그 피해를 경감하기 위해서는 선진국들이 적극 나서야 한다고 조언한다.

또한 향후 인공지능이 가공할 영향력을 행사할 것으로 예상되는 가운데, 이에 대해 자세히 알아보고자 오늘날 가장 주목받는 젊은 인공지능 연구자 닉 보스트롬을 인터뷰했다. 그는 2014년에 펴낸 『슈퍼인텔리전스』(까치)에서 인간을 능가하는 초지능

superintelligence(슈퍼인텔리전스)의 도래를 다루는데, 이 책에서 최근 수년간 인공지능 기술이 정신을 못 차릴 만큼 빠르게 발전해서 그 등장 시점이 당초 예상보다 앞당겨졌다며 당시의 예측을 정정했다. 초지능이 도래한다면 인류는 멸종하게 될까? 예상되는 시나리오에 대해 보스트롬이 열정적으로 이야기를 쏟아낸다.

『100세 인생』(클)의 공동 저자이며 인재론, 조직론 분야의 권위자인 린다 그래튼은 우리의 삶과 일이라는, 개인과 좀 더 밀접한 이야기를 해준다. 이제 '100세 시대'는 현실로 다가왔다. 그래튼은 100세 시대에 '약년기에는 교육, 청장년기에는 일, 노년기에는 은퇴'라는 3단계의 삶의 방식이 통용되지 못한다고 단호하게 말하며 미래를 위한 새로운 인생 전략을 제시한다.

프랑스를 대표하는 경제학자이자 사상가인 다니엘 코엔은 '경제성장이 행복을 담보하는가?'라는 근본적인 질문을 던지며 과학기술의 발달과 경제성장, 행복 간의 상관관계를 설명해준다. 그리고 인간과 로봇이 결합된 사이보그 세상에서 우리가 진정 원하는 행복은 어디서 찾을 수 있을는지에 대해 심도 있는 논의를 이어간다.

세계 초강대국 미국에서 지금 일어나고 있는 커다란 변화도 놓쳐서는 안 된다. 대다수의 예상을 뒤엎고 도널드 트럼프Donald Trump가 대통령에 당선되어 전 세계의 이목이 집중되었다. 하지만 이것은 단순히 우연이나 일시적 결과로 보기 어려우며 민주주의

사회에 어떤 균열이 발생했음을 암시한다. 민주주의의 위기와 포퓰리즘의 귀환이 걱정스럽다면, 노동 전문가 조앤 윌리엄스와 인종 전문가 넬 페인터의 설명에 귀 기울일 필요가 있다.

한편 양차 세계대전과 냉전을 거친 20세기는 '전쟁의 세기'로도 볼 수 있을 터, 그렇다면 각국에서 핵이라는 전력을 보유한 21세기에는 전쟁이 어떤 양상으로 벌어질까? 특히 동북아시아 정세에 관해서는 북한의 동향이 커다란 열쇠를 쥐고 있다. 미국 빌 클린턴Bill Clinton 정부에서 1994년 1차 북핵 위기 때 국방부 장관으로서 외교교섭을 맡았던 윌리엄 페리는, 북한의 비핵화 선언으로 전쟁 위험이 줄었다고는 하나, 우발적인 핵전쟁 발발 가능성은 늘 존재한다며 경종을 울린다.

내일의 세계로 안내하는 나침반

◇◇◇◇◇◇◇◇◇

지금 우리는 인공지능이 이끄는 혁명의 한가운데에 있다. 인공지능이 미래에 어떤 변화를 일으킬지 예측 가능한 면도 있고, 전혀 예측할 수 없는 부분도 있다. 예측 불가능성은 우리를 불안하게 만든다. 그것은 짙은 안개 속을 운전하는 상황과 비슷하다.

그러나 세계적 지성이라고 할 만한 혜안 있는 논객들의 식견에 귀를 기울이다 보면, 그 안개는 서서히 걷히고 마음 한켠을 무겁게 짓누르는 걱정은 어느 정도 사라지는 듯하다. 물론 아무도 미래를 완벽하게 예측할 수 없다. 그러나 그들의 예지를 활용할 수 있다면, 대략적인 윤곽이라도 잡아볼 수 있지 않을까. 미래의 이미지를 조금이나마 구체적으로 그릴 수 있으면 현재 해야 할 일은 더욱 명확해진다.

　이 책이 여러분을 미래로 이끌어주는 데 일조한다면 더할 나위 없이 기쁠 것이다.

오노 가즈모토

❖ ❖ ❖

차 례

1장

◇◇◇◇◇◇◇◇◇

인류는 어떤 운명을
맞이할 것인가

"어쩌면 40억 년 역사의 유기 생명체 시대가 곧 막을 내리고 그 자리를 무기 생명체가 차지할지도 모릅니다. 그러니 30년 안에 우리가 내릴 수많은 결정은 단순히 정치판을 흔드는 데 그치지 않고 생명의 미래 자체를 좌우할 것입니다."

유발 하라리 Yuval Noah Harari

1976년에 태어났다. 현재 예루살렘 히브리 대학교 역사학부 교수로 재직 중이다. 히브리 대학교에서 전쟁사와 지중해사를 공부한 후 영국 옥스퍼드 대학교의 지저스 칼리지에서 중세 전쟁사로 박사 학위를 받았다. 대표 저서 『사피엔스』는 2011년에 이스라엘에서 출간된 이후 전 세계 30여 개국에 번역 출간되며 수많은 지식인과 저명인사의 호평을 받았다. 그 외 저서로 『호모 데우스』(김영사), 『21세기를 위한 21가지 제언』(김영사) 등이 있다.

◇◇◇◇◇◇◇◇◇◇

이스라엘의 젊은 역사학자 유발 하라리는 전 세계 베스트셀러 『사피엔스』의 저자로 잘 알려진 인물이다. 그는 영국 옥스퍼드 대학교에서 중세 전쟁사를 연구했고 현재는 이스라엘 예루살렘에 있는 히브리 대학교 역사학부에서 교편을 잡고 있다.

『사피엔스』를 두고 재레드 다이아몬드는 "역사와 현대 세계에 가장 중요한 질문을 던지는 책"이라고 절찬했다. 또한 오바마 전 미국 대통령이나 마이크로소프트 창업자인 빌 게이츠 등 유명 인사들이 책을 추천하면서 전 세계가 하라리를 주목하기 시작했다.

역사를 보는 관점에는 크게 두 종류가 있다. 하나는 연대나 지역을 한정해서, 혹은 전쟁이나 혁명 같은 역사적 사건이나 현상 각각에 집중해서 연구하는 방법이다. 다른 하나는 장기적 시계에서 역사를 거시적으로 조망하는 방법이다. 하라리는 후자의 방법으로 연구하는 역사학자다.

대략 20만 년 전에 출현한 현생 인류, 호모 사피엔스는 다른 인간 종과 달리 어찌 살아남아 문명을 세웠을까? 이 장대한 인류사를 한 분야의 관점으로 접근하기란 쉽지 않다. 하라리가 분야 횡단적 연구 방법을 택한 이유이다.

하라리는 "현실은 하나"라고 말한다. 하지만 우리 인간은 편의상 자의적으로 현실을 여러 분야로 나눠 다르게 인식한다. 따라서 정말로 무슨 일이 일어나고 있는지 알고 싶다면 하라리처럼 역사학뿐 아니라 정치학, 경제학, 생물학, 심리학, 철학 등 전 분야에 걸친 식견이 있어야 한다. 그러한 접근법을 통해 인지혁명, 농업혁명, 과학혁명이라는 세 혁명을 축으로 인간 존재의 수수께끼에 답한 것이 『사피엔스』다.

예루살렘에 있는 그의 자택에서 이 영민한 천재와 미래에 인류가 어떤 현실을 맞닥뜨릴지, 그리고 세계의 가치가 어떻게 바뀔지 이야기를 나눴다.

유발 하라리

❖ ❖ ❖

허구의 노예가 되지 말고 허구를 이용하라

◇◇◇◇◇◇◇◇◇

『사피엔스』에서 교수님은 호모 사피엔스가 오늘날의 지위에 오른 이유가 돈이나 국가, 법인, 인권과 같은 허구를 신봉하는 능력 때문이라고 했습니다. 평소 당연하게 생각한 돈이나 국가가 허구임을 깨달았을 때 세상을 보는 시각은 어떻게 달라집니까?

허구가 결코 나쁜 건 아닙니다. 기업이나 돈과 같은 허구 없이 인간 사회는 존재할 수 없으니까요.

기업은 직원들이 옳다고 믿는 공통의 이야기가 있어야 존속합니다. 돈은 많은 사람이 같은 가치를 믿어야 성립하고요. 이것들이 허구임을 알아버렸다고 해도 우리는 그 가치를 끝까지 믿으려 할 것입니다. 이를 테면, 돈에는 객관적인 가치가 전혀 없습니다. 돈의 가치는 많은 사람이 달러나 엔에 관해 동일한 이야기를 믿고 있다는 사실에서 나옵니다. 거의 모든 경제학자가 그 사실을 알고 있지요.

저는 절대로 이것들은 허구이니 맹신을 멈추자고 말하는 것이 아닙니다. 만약 이런 허구에 대한 믿음을 거둔다면 인간 사회를 지탱하는 시스템 전체가 붕괴하겠지요. 그리고 모르는 사람끼리 서로 협력하지 못할 것입니다. 다만 허구가 우리를 위해 기능하도록 해야지 허구의 노예가 되어서는 안 된다는 점을 강조하고 싶습니다.

인간은 오랜 시간을 거치면서 눈에 보이는 것이 현실인지 아니면 누군가가 만들어낸 이야기인지 구별하는 능력을 잃었습니다. 그 결과 무수한 사람이 국가나 사회, 그리고 신이라는 상상의 산물을 위해 전장에 나가거나 수백만 명을 마구잡이로 학살했습니다. 이런 사태에 이르지 않으려면 우선 눈앞에 보이는 것이 현실인지 허구인지 구별하고, 이를 이용할 방법을 고민해야 합니다.

그럼 어떻게 해야 현실과 허구를 구별할 수 있을까요?

최선의 방법은 대상으로 삼는 것이 고통을 느끼는지 생각해보

유발 하라리

는 것입니다. 고통은 세상에서 가장 현실적입니다. 일례로 국가는 고통을 느끼지 못하지요. 전쟁에서 패해도 괴로움을 느끼는 주체는 국가가 아니라 국민입니다. 기업도 고통을 느끼지 못합니다. 거액의 손실액이 발생하면 기업이 아니라 그 조직에 속한 경영자나 사원이 초조해합니다.

국가가 전쟁에 패해서 고통스러워한다는 말은 단순한 은유에 지나지 않습니다. 국가는 감정이 없으니 괴롭지 않을뿐더러 침울해하지도 않습니다. 인간의 상상 속에서 그렇게 묘사될 뿐입니다. 은행이나 기업도 마찬가지입니다. 예를 들어 토요타가 거금을 잃어도 토요타라는 존재 자체는 괴로워하지 않습니다. 그것은 우리가 만들어낸 법적 허구에 불과하니까요. 대조적으로 인간이나 동물은 살아 있는 존재입니다. 따라서 그들이 느끼는 고통은 은유가 아니라 실제입니다.

그렇게 생각하면 우리 자신이 만들어낸 허구에 의해 우리가 고통을 느끼는 일이 어리석게 보입니다. 인간 사회가 잘 작동하려면 허구가 필요하지만, 허구를 도구로 보지 않고 그것을 목적이나 의미로 받아들이는 순간 초래될 고통은 실존하는 우리들의 몫임을 명심해야 할 것입니다.

허구에의 과도한 몰입이 낳은 비극

◇◇◇◇◇◇◇◇◇

어째서 인간만 이런 허구에 집착하게 되었을까요?

매우 어려운 질문이군요. 인간 외의 동물이 허구를 믿지 않으며 돈이나 기업이 인간만 공유하는 가치인 것은 분명하지만, 현시점에서 그 이유는 알려지지 않았습니다. 아직까지 우리는 인간 뇌나 정신의 작동 메커니즘을 완전히 이해하지 못하고 있거든요. 눈앞에 있는 탁자나 절 인터뷰하는 당신과 같이 구체적인 대상에 대한 뇌의 인식 메커니즘은 어느 정도 알려져 있습니다. 그러나 가상의 대상이나 추상적 개념과 관련해서 뇌가 어떻게 작동하는지 알려면 풀어야 할 수수께끼가 많습니다.

종교와 달리 과학은 모르는 것은 모른다고, 그래서 연구를 계속한다고 말할 수 있습니다. 과학의 세계에서는 무지를 감추기 위해 이야기를 날조할 필요가 없으니까요. 이런 태도가 중세와 근대를 구분하는 가장 큰 차이이며 그렇기에 근대에 이르러 과학기술이 발전할 수 있었기도 합니다.

많은 사람이 권리를 지키기 위해 피를 흘리고 국가에 의해 희생되며 돈이나 회사 문제로 고민하다 자살까지 합니다. 말하자면 허구 때문에 현실에서 목숨을 잃는 것인데, 이런 현상을 어떻게

유발 하라리

봅니까?

앞서 말했듯 우리는 이 세상에서 실제 일어나고 있는 일과 상상 속에서 만들어낸 이야기를 구별하는 능력을 잃어가고 있습니다. 그만큼 사람들이 이야기를 중요하게 여긴다는 뜻이지요. 신에 관한 이야기, 국가에 관한 이야기, 또 인권에 관한 이야기 등 각종 이야기들에 마음을 빼앗겨버립니다. 그 이야기는 다시 자기 정체성이나 인생의 의미와 연결되고요. 일단 이야기에 빠지면 사람들은 그 내용과 상관없이 이야기를 지키기 위해 행동합니다. 고통과 희생을 감내하면서까지 전쟁에 나가는 것도 그런 이유입니다. 심각한 문제라고 생각해요.

더군다나 오늘날은 컴퓨터나 스마트폰 등 새로운 기술이 진보하면서 현실과 허구를 구별하기가 더욱 어려워졌습니다. 가상공간에서 해결할 수 있는 일들이 늘고 있기 때문입니다. 스마트폰이나 컴퓨터를 이용해 수시로 이메일을 확인하고 다른 시공간에서 일어난 일을 열심히 검색할수록 실제 일어나는 일을 보고 듣고 냄새 맡고 맛을 보는 능력은 상실됩니다. 지금 이곳에서 일어나는 눈앞의 세계와 접촉할 기회를 잃어가는 것이죠.

경제적인 면에서는 바람직한 현상일지도 모르지요. 당신이 쉬지 않고 이메일을 확인하고 어디서든 전화를 받는다면 그만큼 생산성이 높아지는 거니까 회사 입장에서는 좋은 일일 테죠. 그러나 그런 삶에서는 마음의 평화를 얻을 수 없습니다. 자기 몸이나 감각이 눈앞에 있는 현실과 만나지 못한다면 정신은 방황하고 행복한 삶도 누리기 어려워집니다.

인류는 힘을 행복으로 바꾸지 못했다

일본에서는 해마다 최소 3만 명의 자살자가 발생합니다. 실제로는 10만 명이라는 소문도 있고요. 일본 정도면 국민이 훨씬 행복해야 하지 않은가 하는 의문이 드는데요. 이런 맥락에서 교수님이 『사피엔스』에서 인간은 풍요로워졌으나 행복해졌다고는 할 수 없다고 쓴 이유가 궁금합니다.

자살 증가는 일본뿐 아니라 한국 등 동아시아에 있는 다른 나라들은 물론이고 미국 등 서구권에서도 나타납니다. 마찬가지로 다른 선진국에서도 자살자 수 증가는 심각한 사회문제죠. 이스라엘에서는 전쟁이나 테러에 관한 뉴스를 끊임없이 접하지만, 공식 통계로는 전쟁이나 테러로 죽은 사람과 범죄로 죽은 사람의 수를 합한 것보다 자살자의 수가 많습니다. 게다가 그 수치는 매년 기록을 갱신하고 있지요.

수치로 드러나지 않는 자살자 수는 훨씬 많을지도 모릅니다. 자살이라 할지라도 감정적 혹은 법적 이유로 자살이었다고 보고하지 않고 사고나 다른 원인에 의한 죽음이라고 보고하는 경우도 있을 테니까요. 보험금을 타고 싶어서일 수도 있고요.(자살하면 보험금을 타지 못하잖아요.) 그런 가능성들을 두루 고려하더라도 공식 통계로는 평범한 이스라엘 사람이 테러나 군인, 범죄에 의해 살해당할 확률보다 자살할 확률이 더 높습니다. 자살 문제는 어느 한 나라에만 국한되어 있지 않습니다.

전보다 풍요로워지면, 생활환경이 좋아지면, 먹거리가 많아지면, 삶에 대한 만족도나 행복 지수가 높아져야 합니다. 그런데 실상은 그렇지 않은 것으로 확인되었습니다. 현대에 들어 자살뿐 아니라 우울증이나 불안 장애 등 다양한 정신질환으로 고통받는 사람 수가 증가하고 있거든요.

그 이유 중 하나는 인간의 행복이란 얼마나 식량이 많은가, 얼마나 큰 돈을 소유하고 있는가와 같은 객관적인 지표에 따라 결정되지 않기 때문입니다. 행복은 기대치에 좌우됩니다. 무언가를 기대하고 그 기대가 충족되면 행복하다 느끼고, 반대로 기대에 못 미치면 불행하다 여깁니다.

그러나 형편이 좋아지면 기대치도 높아집니다. 심리학에 따르면 인간은 성취감이나 즐거움을 경험하면 만족하는 것이 아니라 더욱 누리고 싶어 한다고 합니다. 맛있는 음식을 먹으면 더 먹고 싶은 것이 자연스러운 반응이죠. 더 누리고 싶다는 마음이 있는 한, 만족하는 일은 없습니다. 개인은 물론이고 집단에서도 마찬가지입니다.

지금 인류는 석기 시대에 비해 수천 배 이상의 힘을 손에 넣었습니다. 그러나 수천 배만큼 행복해졌을까요? 우리는 힘을 얻는 데 뛰어난 소질이 있으나, 힘을 행복으로 전환할 줄 모릅니다. 『사피엔스』에서 말하고 싶었던 문제가 바로 이것입니다.

과학기술이 민주주의를 병들게 한다

◇◇◇◇◇◇◇◇

이제 민주주의에 관해 묻겠습니다. 교수님에 따르면 민주주의도 일종의 허구일 텐데요. 인간 사회는 민주주의라는 제도 덕분에 어느 정도 안정을 얻었습니다. 그런데 최근 브렉시트나 도널드 트럼프 미국 대통령 당선 등 전혀 예기치 못한 일이 발생하면서 민주주의가 흔들리는 것 아니냐는 우려 섞인 말들이 나옵니다. 교수님은 이런 현상을 어떻게 보시는지요?

민주주의는 20세기에 가장 성공한 정치 구조입니다. 민주주의의 확산은 인류에게 막대한 이익을 안겨주었습니다. 그러나 21세기로 접어든 후 민주주의는 인류에게 닥친 난제들을 제대로 처리하지 못하고 있습니다. 놀랍게도 그 주된 원인은 과학기술의 발전입니다. 과학기술에 의해 경제나 사회의 변화 속도가 엄청나게 빨라졌는데요. 그러다 보니 지금 세계에서 무슨 일이 일어나고 있는지 파악하기 위해 수집하고 분석해야 하는 정보량이 기하급수로 늘어나고 있습니다.

헤아릴 수 없이 많은 일이 빛의 속도로 빠르게, 심지어 동시에 발생하고 있습니다. 그러니 유권자나 정치가는 세계 각지에서 벌어지는 일들을 정확하게 파악하기 점점 더 어려워집니다. 정보가 지나치게 많은 것이죠. 10년, 20년, 30년 후에 어떻게 될지 그 누구도 알 수 없습니다. 예측을 할 수 없으니 미래에 추구할 목표나 가치를 결정할 수도, 계획을 세울 수도 없죠. 솔직히 이런 일은 인류 역사상 처음입니다.

물론 과거에도 완벽하게 미래를 예측하기란 불가능에 가까웠죠. 앞으로 어떤 왕이 이 나라를 다스릴지 누가 단언할 수 있었을까요? 다른 나라가 쳐들어올 위험도 늘 있었지요. 그래도 생활 방식이나 사회 기본 구조가 30년 후에 어떻게 될지는 어느 정도 예측할 수 있었습니다. 예를 들어 중세 일본에서는 30년 후에 누가 천황이 될지, 또 몽골이 언제 침공할지 미리 알고 있는 사람은 없었겠지만 30년이 지나도 천황제를 기반으로 한 무사 중심의 남성 사회가 이어지고 평균수명은 40~50세일 것이라는 계산은 할 수 있었습니다.

그런데 지금은 30년 후에 이 사회가 어떻게 될지 아예 모릅니다. 미래 고용에 관해서는 더욱 그러하고요. 더 발달한 인공지능이나 지능형 로봇이 등장하면 오늘날 존재하는 대부분 직업은 30년 내로 사라진다는데, 어떤 종류의 직업이 사라질지 전문가들도 명확하게 답하지 못하고 있습니다. 2050년에 인간이 생계를 위해 어떤 일을 하고 있을지 상상조차 하기 어렵다는 말입니다. 수명도 마찬가지입니다. 크게 연장될 수도 아닐 수도 있습니다. 이런 상황에서 연금이나 보험은 설계 자체가 불가능해지지요. 즉, 현행 제도는 비현실적인 가정에 기초하고 있습니다.

진보든 보수든 유권자를 실망시키고 있다

◇◇◇◇◇◇◇◇◇

지금 세상에 무슨 일이 일어나는지, 앞으로는 무슨 일이 일어날지 아무도 알고 있지 않다면 민주주의가 존속하기 어려워집니다. 유권자도, 정치가도 답을 모르니 선거, 정당, 의회 등의 제도들이 잘 작동하지 못할 테니까요.

하지만 민주주의가 처한 상황과 상관없이 새로운 과학기술은 계속 출현합니다. 딱 들어맞는 예가 인터넷입니다. 인터넷은 일자리부터 정치, 오락, 사생활, 주권 등 우리 삶 전부를 완전히 바꿔놓았습니다.

그런데 생각해봅시다. 인터넷이 운용되는 방식이나 형태 같은

유발 하라리

중요한 문제가 어떤 정치 과정을 거쳐 결정된 적이 있던가요? 저는 한 번도 인터넷에 찬성표를 던진 적이 없습니다. 역대 이스라엘의 어떤 선거에서도 인터넷에 관한 시비가 쟁점이 된 적도 없습니다. 사람들의 생활이나 국가 정치에 이토록 엄청난 영향을 미치고 있는데도 인터넷 관련 사안들이 어떤 투표도 거치지 않고 누군가에 의해 결정되었다는 사실을 상기해봐야 합니다. 몇 명의 엔지니어가 내린 결단으로 사용자의 이해나 동의 없이 인터넷은 지금과 같은 형태로 만들어져 온 세상에 퍼졌습니다. 유사한 일이 분명 미래에도 일어날 것입니다.

브렉시트나 트럼프 정권의 탄생에 관해 말하자면, 지금 일어나는 현상은 단순한 포퓰리즘이 아닙니다. 사람들은 '주위에서 무슨 일이 일어나든 나는 잘 알지도 못하고 내 존재는 사회와 무관해지고 있구나.' 하고 깨닫기 시작했습니다. 영국이든 미국이든 일반 유권자들은 자신들이 힘을 잃기 시작했으며 자기들 목소리가 높은 곳까지 닿지 않음을 알게 되었습니다. 그 결과 엘리트층을 향한 맹렬한 반발로 이어진 것이지요.

이런 사람들의 생각은 옳습니다. 지금 세계에서 일어나는 제일 중요한 변화는 유권자들이 결정한 것이 아닙니다. 유권자는 점점 힘을 잃어가고 있어요. 세계를 지배하는 규칙이 자신들을 배제하고 있음을 그들은 감지하고 있습니다. 실제로도 그렇고요.

그러나 유감스럽게도 유권자들이 트럼프에게 표를 주었다고 해서 상황이 나아지지는 않습니다. 트럼프도 도대체 지금 무슨 일이 일어나고 있는지 또 앞으로 무슨 일이 일어날지 알지 못한 다는 것은 변함없으니까요. 이제 정치인은 유권자들에게 유의미한 미래상을 제시할 수 없을뿐더러 그들의 동향을 파악해 통제할 수도 없습니다.

우리는 21세기에 부합하는 적절한 정치 구조를 아직 찾지 못했습니다. 현 정치 구조는 20세기에 형성되었고 당시에는 잘 작동했습니다만, 21세기 상황에는 잘 들어맞지 않는다는 사실이 드러났습니다. 그러나 아직 대안은 없죠. 블라디미르 푸틴 Vladimir Putin 러시아 대통령 같은 권위주의적 지도자조차 현재 상황을 파악하고 미래 전망을 제시하는 데 어려워하고 있습니다.

20세기 정치의 장에서는 자유주의, 공산주의, 파시즘 등 여러 정치체제가 각각의 이상을 앞세워 불꽃 튀는 공방을 벌였습니다. 하지만 지금은 진보든 보수든, 또는 민주주의든 권위주의든 간에 30년, 40년 후 인류가 맞닥뜨릴 미래의 모습을 설득력 있게 제시하는 사람이 한 명도 없습니다. 정치가와 유권자는 세상의 변화에서 소외되고 과학기술만 극적인 발전을 거듭해 우리의 일상을 지배하고 있습니다.

유발 하라리

과학기술이 사회를 결정하는가

◇◇◇◇◇◇◇◇◇

민주주의가 흔들리고 있는 현 상황에서 역사적 필연성을 느끼나요?

네. 어느 정도는 기술 결정론의 관점에서 해석할 수 있다고 생각합니다. 지금 당면한 변화는 과학기술이 초래한 결과이며 이런 적이 과거에도 여러 번 있었으니까요.

예를 들어 20세기에는 전기, 무선, 기차, 자동차 등이 사회를 바꾸고 정치를 움직였습니다. 지금은 인공지능이나 생명공학이 그 역할을 하고 있고요. 그 발전 정도에 따라 정치 구조 역시 극적으로 바뀔 것입니다. 사회가 과학기술에 이리저리 끌려 다녔던 과거의 경험에 비추어보면 민주주의가 맞닥뜨린 현 상황은 필연이라고도 할 수 있겠지요.

그러나 '이 과학기술은 반드시 이런 형태의 사회를 초래한다.'는 식의 결정론은 존재하지 않습니다. 한국이 상징적인 예라 할 수 있는데요. 한국은 지금 남북이 갈라져 있지만, 둘은 같은 민족, 같은 언어, 같은 역사를 갖고 있습니다. 그리고 같은 20세기의 과학기술을 이용하지요. 그런데 한쪽은 핵으로 무장한 독재국가가 되었고, 다른 한쪽은 인터넷과 컴퓨터 기술이 고도로 발달한 IT 강국이 되었습니다. 즉, 과학기술이 사회를 바꾸는 것은 사실이나 사회를 어떤 방향으로 이끌지까지 결정하는 것은 아닙니다. 21세기 과학기술도 마찬가지입니다.

인류에게 닥칠 세 가지 위기

교수님은 2016년 미국 대선에서 도널드 트럼프가 승리하리라 예상했습니까?

그쪽으로는 문외한이라 딱히 의견을 드리진 못하겠네요. 그래도 신문을 읽으면 전문가들이 입을 모아 힐러리 클린턴 Hillary Clinton 이 승리한다고 해서 트럼프가 당선되었을 때는 당연히 놀랐습니다. 그러다 차차 걱정되기 시작했습니다. 미래의 주요 문제들은 항상 지구 차원에서 발생할 테니까요. 특히 향후 수십 년 안에 인류는 세 가지 커다란 위기, 바로 핵전쟁, 지구온난화(기후변화), 그리고 과학기술에 의한 실존적 위기에 직면할 것입니다.

그뿐만이 아닙니다. 앞으로 인공지능이 기존의 사회 질서와 경제 구조를 완전히 파괴하고 수십억 명의 사람을 노동시장에서 퇴출시켜 대규모의 무용 계급을 만들어낼지도 모릅니다. 그로 인해 전 세계적으로 새로운 문제가 발생할 것입니다.

이러한 위기는 국제적인 노력을 통해서만 해결할 수 있습니다.

유발 하라리

아무리 미국이 세계 최강국이라도 지구온난화를 독자적으로 해결할 수 없습니다. 국경을 따라 보호벽을 설치한들 피해갈 수 있을까요. 분명 실패합니다. 어느 나라든 마찬가지죠. 지구온난화를 해결하기 위해서는 반드시 여러 나라가 협력해야 합니다.

진짜 큰 문제는 브렉시트, 도널드 트럼프 미국 대통령 당선, 포퓰리즘의 부상 등이 국제적 차원에서 협력할 기회와 능력을 저해해 위기를 심화시킨다는 것입니다. 민족주의는 결코 답을 제시할 수 없습니다. 트럼프 대통령이 기후변화 문제를 무시하고 과학기술이나 인공지능에 관해서는 입도 뻥긋하지 않은 채 시종일관 부정적인 태도로 일관하는 이유는, 국가 차원의 해결 방안이 없음을 알기 때문입니다. 이런 식으로 문제를 방치하는 것은 상당히 위험합니다.

이 세 가지 위기는 벌써 우리 코앞에 다가와 있습니다. 20세기 전반에도 비슷한 상황이었으나, 지금이 훨씬 위험합니다. 전 인류의 실존적 위기가 고조되고 있음에도 정치가 반대 방향으로 고개를 돌리고 있으니까요. 국제적 협력과 행동 없이 전 지구적 문제에 대처할 수 없습니다.

무엇이 진정 역사의 흐름을 바꾸는가

◇◇◇◇◇◇◇◇

원래 교수님 전문 분야는 전쟁사잖아요. 인류 역사는 전쟁을 통해 어떻게 발전해왔습니까? 몇 가지 예를 들어 설명해주시지요.

하나하나 이야기보따리를 풀기 시작하면 끝이 없으니 전쟁과 밀접한 관련이 있는 종교와 과학기술을 중심으로 말해보겠습니다. 종교와 과학기술은 역사를 움직여왔고, 종교의 성장과 과학의 발전에 전쟁이 큰 기여를 했지요.

기독교는 오늘날 세계에 가장 널리 퍼진 종교이지만, 여명기에는 몇백 가지나 되는 종교 중 하나에 불과했습니다. 그런 기독교가 현재와 같은 지위를 손에 넣은 것은 역사의 우연이 빚어낸 결과이기도 하지만 그 확산 과정에서 무력이 기여한 바를 무시할 수 없습니다. 기독교는 4세기에 로마제국의 국교가 됨으로써 제국의 정치적 지지와 군사 자원을 얻었고 평화적 포교와 무력을 번갈아 사용하며 신자를 늘려갔습니다. 제국주의 시대에는 더욱 심했지요. 스페인, 포르투갈, 영국, 프랑스 등 기독교 국가들은 무력을 행사해 아메리카 대륙을 식민지로 삼았습니다. 제국주의자들은 원주민을 억압하고 착취했으며 그들이 기독교를 강제로 수용하게 했죠. 그 결과 오늘날 알래스카에서 칠레까지 아메리카 대륙은 거의 기독교로 물들었습니다. 이는 군사적 확장이 종교나

유발 하라리

문화에 영향을 끼친 예입니다.

신도 수 기준으로 세계 2위인 이슬람교도 비슷합니다. 수많은 종교가 세력 확장에 실패하는 와중에 이런 특정 종교가 번성한 역사를 살펴보면 지도자나 교리뿐 아니라 정치나 전쟁이 아주 큰 역할을 했음을 알 수 있습니다. 특히 국교로 지정되는지 여부가 교세 확장에 결정적인 요소로 작용했지요.

과학기술도 마찬가지입니다. 20세기에 발생한 두 차례의 세계 대전, 그리고 냉전이 현대 과학기술의 발전을 주도한 것은 명백한 사실입니다. 제2차 세계대전 중에는 일본과 독일, 미국, 영국, 러시아가 막대한 금액을 군비경쟁에 들이부었습니다. 평화기에는 과학기술 투자가 제한을 받지만, 전쟁 중에는 온갖 투자가 판을 치고는 하죠. 20세기의 전쟁은 비행기나 무선 기술, 핵무기 등 수많은 과학기술을 단기간에 비약적으로 발달시킵니다. 그때 군사용으로 사용되던 기술들이 나중에 민간 부문에서 활용되기도 합니다. 우리가 현재 사용하고 있는 과학기술 대부분은 두 차례의 세계대전과 냉전의 부산물이라 해도 과언이 아니죠.

하지만 한 번의 전쟁으로 실제 역사의 흐름이 바뀌는 경우는 매우 드물다는 사실 또한 알아야 합니다. 그렇게 보이는 이유는 역사란 원래 당시 왕이나 권력자, 승자가 지시하는 대로 기록되는 경우가 많은 데다, 그들은 자신을 미화시키기 위해 시인이나 예술가, 역사가를 돈으로 매수하기 때문입니다. 실제로는 특정 사건,

특정 인물보다는 수백만 사람들의 노력, 또는 감자나 밀과 같은 새로운 식량의 발견과 보급이 세상을 바꾸는 경우가 더 많았습니다.

유럽인이 아메리카 대륙에서 감자를 발견한 후 당시 남아메리카에서만 재배되었던 감자는 유럽을 거쳐 전 세계에 퍼졌습니다. 오늘날 감자는 유럽, 아시아, 아프리카의 대부분 지역 서민들의 주요 식량이 되었으며 감자가 없는 삶은 상상조차 하기 어려운 것이 현실입니다. 고추나 토마토 역시 아메리카 대륙에서 건너왔습니다. 원래 아시아에는 토마토도 없고 감자도 없었습니다. 그러니 무엇이 실제 사람들의 삶을 바꾸었는지를 따져보면 그 어떤 전쟁보다도 감자가 훨씬 큰 영향을 미쳤다고 말할 수 있습니다.

미국과 중국 간 전쟁이 일어날 가능성

◇◇◇◇◇◇◇◇◇

화제를 바꾸어 현대로 이동해보죠. 미국과 중국 간 무역 전쟁을 비롯해 전방위적인 패권 다툼이 일어나는 가운데 국제 정세가 투키디데스의 함정Thucydides Trap*에 빠진 것 아니냐는 지적이 나오고 있습니다. 교수님은 이에 동의하십니까?

* 고대 그리스 역사학자 투키디데스가 스파르타와 아테네 간의 펠로폰네소스 전쟁에 대해 신흥 강대국은 반드시 기존 패권국에 도전하고 기존 패권국이 그에 응한 결과 전쟁이 일어난다고 설명한 데서 유래한 법칙.

유발 하라리

큰 줄기로 보면 맞는 것 같습니다. 역사를 보면 기득권을 유지하던 기존 지배 세력은 새롭게 부상하는 신흥 세력에서 위협을 느끼고 무력으로 저지하려 합니다. 반면 신흥 세력은 부당하게 억압받는다고 느끼고 마찬가지로 무력을 행사해 지배권을 획득하려 합니다. 그런 충돌이 전쟁으로 귀결된 대표적인 사례로 신흥 강대국 독일과 기존 패권국 영국 간 대립이 제1차 세계대전을 일으킨 것이 있지요.

그러나 우리는 그 어떤 시대와도 비견할 수 없을 만큼 평화로운 시대에 살고 있습니다. 전 세계적으로 전쟁과 범죄로 인한 연간 사망자 수는 60~70만 명입니다. 한편 교통사고 사망자 수는 130만 명이고, 비만 관련 질환으로 인한 사망자 수는 300만 명에 달합니다. 그만큼 폭력 때문에 죽을 확률은 낮아졌다는 뜻입니다.

미국과 중국이 정치, 경제 면에서 서로 견제하고 있는 것은 사실이나, 그렇다고 꼭 전면적인 군사적 충돌로 이어진다고는 볼 수 없습니다. 현실적으로 1945년 이후 강대국끼리의 직접적인 군사적 충돌은 일어나지 않고 있습니다. 냉전 시대만 봐도 당시에 한국, 베트남, 아프가니스탄에서 국지적 분쟁이 발생했지만, 미국과 소련 간 직접적인 충돌은 일어나지 않았지요. 그 이유는 핵무기 때문입니다. 초강대국 간 전쟁이 일어나 핵무기가 사용되는 순간 인류는 자멸할 테니까요.

이 상황은 지금도 다르지 않습니다. 현대에도 핵전쟁은 일어날 수 있지만, 그 대가가 크기 때문에 억지력이 발동하므로 직접적인 충돌 가능성은 희박하다고 봅니다.

물질 경제가 막을 내리면서
전쟁의 명분도 사라졌다

◇◇◇◇◇◇◇◇◇

미국과 중국 간 전쟁이 쉽지 않으리라 전망하는 또 한 가지 이유는 경제의 성격이 변했기 때문입니다. 수천 년 동안 주요 경제 자산은 금광, 곡식, 가축, 노예, 토지와 같은 물질이었습니다. 이런 자산은 전쟁이나 폭력에 의해 획득하거나 잃게 됩니다. 전쟁은 부를 획득하는 수단으로 합리화되었던 것이지요.

한 나라가 이웃 나라와 전쟁을 벌여 그 영토를 몰수하거나 금광을 빼앗거나 주민을 노예로 삼거나 하면 그 나라의 부는 크게 증가합니다. 역사상 이런 사례는 열거하기 벅찰 정도로 많습니다. 그러나 최근 20~30년 동안 물질 기반 경제는 지식 기반 경제로 탈바꿈했습니다. 이제 가장 주요한 경제 자산은 엔지니어나 경영자의 머릿속 지식, 즉 무형 자산입니다.

무형 자산은 전쟁으로 획득할 수 없습니다. 미국에서 가장 부유한 지역은 캘리포니아주 실리콘밸리가 아닐까 싶은데, 만에 하나 전쟁이 일어나 중국 군대가 이곳을 점령한다 해도 무엇을 얻겠어

유발 하라리

요? 실리콘밸리의 부는 구글이나 페이스북, 애플과 같은 IT 기업의 엔지니어나 경영자의 머릿속에서 나왔기 때문에 온 힘을 쏟아도 '정복'할 수는 없죠. 주식 거래나 외교교섭을 통해서는 가능할지 몰라도, 총으로는 못 합니다.

오늘날 전쟁이 빈번하게 발생하는 지역은 아직도 물질 기반 경제가 작동하는 곳들입니다. 예를 들어 중동에서는 부의 원천이 석유라는 물질 자원입니다. 그러니 석유를 확보하기 위한 전쟁이 일어납니다. 한편 지식 기반 경제를 운영하는 중국이나 한국, 일본 등 세계 주요 선진국들은 전쟁에서 얻는 것보다 잃는 것이 훨씬 큽니다. 이것이야말로 미중 갈등이 실제 전면전으로까지 확대되지 않는 진짜 이유입니다.

어리석음은 경계하고 지혜를 발휘하자

◇◇◇◇◇◇◇◇◇

교수님은 현대 사회의 최대 위협 중 하나로 핵전쟁을 지적했습니다. 오랜 시간과 막대한 돈을 들여 자멸할지도 모르는 무기를 손에 넣은 것에 대해서는 어떻게 생각하십니까?

역사를 돌아보면 절대로 과소평가해서는 안 되는 힘이 둘 있습니다. 하나는 인간의 어리석음입니다. 인간은 때로 믿을 수 없을 만큼 어리석은 일을 벌입니다. 그러니 핵무기와 같이 자기들이 만든 것으로 스스로를 파괴하는 일은 분명 일어날 수 있습니다.

한편 인간의 지혜도 과소평가해서는 안 됩니다. 냉전 시대에 미국과 러시아가 핵무기를 보유하게 되자 핵전쟁을 피할 수 없으며 인류 스스로 파멸할 것이라는 공포가 전 세계를 떨게 만들었습니다. 하지만 실제 그런 일은 일어나지 않았지요.

과거 초강대국은 주요 정책 도구로 전쟁을 활용했습니다. 그러나 핵무기를 보유하고부터는 전쟁의 대가가 엄청나게 커져서 이익 추구 방법을 외교로 전환했죠. 그 덕분에 냉전은 평화롭게 종식되었고 세계는 비교적 안정을 되찾았습니다. 오늘날 핵을 보유한 초강대국은 물론 대부분 나라에서 자국의 이익을 위해 전쟁을 일으키는 일은 거의 일어나지 않습니다.

핵무기에 대한 인류의 대처는 실로 현명했습니다. 그러나 역사는 우리에게 절대 방심해서는 안 된다고 말합니다. 인간의 어리석음은 늘 내면에 숨어 있으며 언제 그 모습을 드러낼지 모릅니다. 그러니 우리가 한없이 자제력 있는 상태를 유지한다는 보장은 없습니다. 그렇다고 희망을 잃지 마세요. 끊임없이 어리석음을 경계하면서 스스로의 지혜를 믿으면 됩니다.

핵무기라는 위험이 상존하는데도 비교적 평화가 잘 유지되고 있는 현 상황이 일견 모순처럼 느껴지기도 하지만 조금 더 자세히 들여다보면 이해가 갑니다. 핵전쟁이 불러올 위험천만한 상황

유발 하라리

을 상상하다 보면 누구든 결정에 신중해지기 마련이거든요. 만일 핵무기가 없었다면 1950~1960년대 냉전이 제3차 세계대전을 야기했을 것입니다. 한반도 전쟁이나 베트남 전쟁, 어쩌면 유럽의 사소한 충돌이 계기가 되어 미국과 소련이 그 소용돌이에 휩쓸리고 결국 전면전으로 치달았을지도 모르죠.

그렇게 되지 않았던 이유는 핵으로 인한 인류 절멸의 가능성을 고려해 양쪽에서 한 걸음씩 물러나 자제했기 때문입니다. 물론 앞으로도 그런 자제력이 늘 발동한다고 확신할 수는 없습니다. 지금까지 제3차 세계대전이 일어나지 않은 이유는 행위자들이 현명하게 처신했기 때문입니다. 하지만 만일 우리가 어리석은 선택을 하기 시작하면 오늘날에도 핵전쟁은 충분히 일어날 수 있습니다.

테러범이라는 파리가
미국이라는 코끼리의 귀를 간질이면

◇◇◇◇◇◇◇◇◇

초강대국 간의 전쟁이 사라진 대신 현재는 종교 갈등에서 비롯된 테러가 세계 각지에서 일어나고 있습니다.

테러리즘은 정치체제를 변화시킬 만한 충분한 물리력을 보유하지 못한 집단이 변화를 일으키기 위해 공포를 무기로 인간 마음의 약한 부분을 비집고 들어가는 전략입니다. 테러범들은 마치 쇼를 연출하듯 폭력을 행사합니다. 테러범들이 특정 나라를 정복하거나 군대를 쳐부수거나 하지는 못하나, 사람들의 상상력을 사로잡을 수는 있습니다. 그들의 테러극에 국민은 엄청난 공포를 느끼고 그 감정은 상상을 통해 증폭합니다. 그렇게 테러범들은 아주 소수의 사람을 죽임으로써 '저 나무 뒤에도, 저 건물 뒤에도 테러범이 있는 것 아닌가' 하는 두려움을 사람들에게 심어 넣는 데 성공합니다.

어떤 면에서 테러범은 도자기 가게에 들어간 파리 같은 존재입니다. 파리는 힘이 약해서 찻잔 하나 움직이지 못합니다. 그렇게 약한 파리가 도자기 가게를 부수려면 어떻게 해야 할까요? 파리는 코끼리 한 마리를 찾아내 그 귓속으로 들어가 윙윙거립니다. 그럼 코끼리는 짜증과 분노로 날뛰다가 가게 전체를 파괴하겠죠.

이와 같은 일이 최근 20년 동안 중동에서 일어났습니다. 테러 조직은 독자적으로 절대 이라크를 파괴하지 못했을 것입니다. 그러나 미국이라는 코끼리의 귓속에 들어가 화를 북돋았고 그 결과 미국이 이라크를 침공하게 되죠.

지금 테러범들은 전쟁의 폐허 속에서 더욱 세력을 키워나가고 있습니다. 그들은 미국을 자극해 과잉 대응에 나서게끔 만들었을 뿐입니다. 이것은 테러범들의 전형적인 수법입니다. 그러니 우리는 테러리즘을 극단적으로 두려워한 나머지 이성까지 잃어서는

유발 하라리

안 되겠습니다. 우리가 너무 민감하게 반응하여 경솔하게 군사력을 발동하게 되면 그것이야말로 테러범의 이익과 목적에 부합하는 것입니다.

테러와의 투쟁에서 핵무기는 억지력을 발휘하지 못합니다. 테러 조직은 국가가 아니거든요. 국가와 국가 간 대립에서 핵무기가 억지력을 발휘하는 이유는, 공격받는 즉시 상대편을 파괴할 명분이 생기기 때문입니다. 그러나 테러범의 경우에는 나라가 없습니다. 뉴욕에 두세 명의 테러범이 숨어 있다면 미국은 어떻게 할까요? 뉴욕에 원자폭탄을 떨어뜨릴까요? 이집트나 사우디아라비아에 테러범이 여러 명 있다 해도 미국은 그곳에 핵무기를 투하하지 못합니다. 그런 의미에서 테러범들에게 핵무기는 위협적인 존재가 아니지요.

테러보다 기후변화가 훨씬 더 큰 위험이다

◇◇◇◇◇◇◇◇

미국은 대테러 전쟁War on Terror을 정의의 싸움이라고 합니다. 이에 대해 어떻게 생각하십니까? 근본적으로 정의란 무엇인가요?

테러리즘이란 추상적인 개념입니다. 국가는 다른 국가나 특정 단체에 전쟁을 일으킬 수는 있으나 테러리즘을 향해 전쟁을 선포

할 수는 없습니다. 그러니 대테러 전쟁이라는 표현은 오해의 소지가 있어요.

단지 현재 세계가 안고 있는 많은 문제 중에 테러리즘은 비교적 사소한 축에 속합니다. 앞에서도 말했지만, 일반 미국인이 알카에다^Al-Qaeda(오사마 빈라덴이 조직한 이슬람 테러 조직으로 9·11 테러 등을 일으켰다.—옮긴이)에 의한 폭탄 테러로 죽기보다 맥도날드에서 판매하는 햄버거를 너무 많이 먹어 건강 문제로 죽을 확률이 훨씬 높습니다. 테러와의 전쟁 대신 균형 잡힌 식사를 위한 교육과 제도 마련에 투자하는 편이 더 큰 이득일 수 있습니다.

또한 전 지구적 관점에서 보면 테러리즘보다 기후변화가 인류의 번영이나 생존에 더욱 큰 위협입니다. 미국을 비롯해 세계 주요 선진국들이 매년 천문학적인 액수의 예산을 테러와의 전쟁에 사용하고 있는데요. 그보다 기후변화나 지구온난화 대책에 투자하는 것이 훨씬 나은 선택일지도 모릅니다.

근 미래에 무용 계급이 등장한다

◇◇◇◇◇◇◇◇◇

교수님은 인공지능을 비롯한 과학기술 발전으로 무용 계급이 출현하리라 예측했습니다. 미래에는 사회 계급이 어떤 식으로 나뉘게 되나요?

　　　　　　　　　　　　　　　유발 하라리

19세기 말 산업혁명이 일어나 도시를 중심으로 노동자 계급이 새롭게 등장했습니다. 그리고 20세기 정치나 사회는 이 노동자 계급을 중심으로 움직였죠. 한편 21세기에는 인공지능과 생명공학의 발달로 무용 계급이라는 새로운 집단이 등장하리라 전망합니다.

굳이 '무용無用'이라는 상당히 도발적인 단어를 사용했지만, 이들이 개인적으로 가치가 없다거나 가족에게도 무의미한 존재라는 뜻은 아닙니다. 하지만 대부분의 인간은 경제나 군사 시스템 전반에서 쓸모가 없어질 것입니다. 왜일까요? 경제적인 면을 먼저 보면 인간이 인공지능이나 로봇보다 뛰어난 성과를 낼 만한 지식이나 능력을 갖추고 있지 못하기 때문입니다. 기업 입장에서는 굳이 인간을 고용할 이유가 없는 거죠. 경제적 가치뿐만 아니라 정치적 가치마저 사라질지 모릅니다.

군사 분야에서는 이미 대부분의 일에서 사람이 불필요해졌습니다. 20세기 군대는 가능한 한 많은 사람을 병사로 영입해야 했습니다. 그런 식으로 양차 세계대전에서 대규모 군대를 동원한 총력전이 펼쳐졌지요. 반면 오늘날 군대에는 특정 전문 분야를 담당하는 일부 병사와 드론이나 로봇, 사이버 공격에 정통한 엔지니어가 필요합니다.

게다가 앞으로 자동화가 더욱 심화되면 수억 명의 사람들이 경제적 가치를 상실할 것입니다. 자율주행 자동차가 만들어지면 택시 기사나 트럭 운전사는 더 이상 필요가 없어집니다. 병을 진단하는 인공지능이 만들어지면 의사의 역할 중 상당 부분을 로봇이 대신하겠지요. 구글 등에서 서비스하는 인공지능 번역 프로그램 때문에 번역가는 사라질지도 모릅니다.

반대로 새로운 직업이 출현하리라는 예측도 가능합니다. 과거에도 농업이나 공업 분야에서 인간 노동이 기계로 대체되었을 때 서비스업에서 새로운 직종이 출현했습니다. 그러나 똑같은 양상으로 진행되리라고 확신할 수는 없습니다. 상황이 많이 달라졌으니까요.

인공지능이 대체할 수 없는
제3의 능력은 과연 존재하는가

무서운 이야기네요. 무용한 존재가 되지 않기 위한 방법은 없겠습니까?

인간에게는 기본적으로 두 가지 능력, 바로 육체적 능력과 인지적 능력이 있습니다. 육체적 능력 면에서는 이미 오래전에 기계가 인간을 앞질렀기에 그동안 인간은 서비스업이나 의사, 번역가 등 인지적 능력이 필요한 일을 맡아왔습니다. 그런데 이제는 인공지

유발 하라리

능과 인지적 능력을 겨루고 있는 상황입니다. 우리는 육체적 능력이나 인지적 능력 외에 인간만이 확실한 우위를 갖는 제3의 능력을 아직 알지 못합니다. 사실은 존재하는지조차 불투명하지요.

새로운 직업이 생기더라도 자기 일을 잃어버린 사람이 바뀐 업무에 잘 적응할 수 있는지도 의문입니다. 현재 트럭 운전사의 일은 줄고 있는 반면 3D나 VR 그래픽 디자인과 같은 일은 증가하고 있습니다. 하지만 50세의 트럭 운전사가 그 내용을 배워서 3D나 VR 그래픽 디자이너로 재출발할 가능성은 얼마나 될까요? 결국에는 새로운 직업이 생긴다고 해도 수억 명이 직업을 잃는 상황은 피할 수 없을 것입니다. 그들은 경제적 가치를, 최악의 경우 정치적 가치를 잃게 되겠지요.

미래 세대에게도 문제가 생깁니다. 기성세대는 미래에 어떤 기술이 필요할지 갈피를 잡지 못하니까 지금 자녀들에게 무엇을 가르쳐야 할지 모르거든요. 30년 후 노동시장은 불투명하며 대학교에서는 어떤 것을 가르치게 될지 아무도 모릅니다. 지금 우리가 자녀들에게 가르치고 있는 내용 대부분은 자녀들이 40세가 될 즈음에 쓸모없어질 수도 있어요. 그런데도 뾰족한 수가 없습니다. 미래 노동시장을 예측하지 못하니까요.

기본소득의 세 가지 문제

무용 계급에 속한 사람들을 어떻게 보호할 수 있습니까? 예를 들어 기본소득basic income * 으로 기초 생활을 보장하면요?

그것도 한 방안이겠지요. 기본소득은 새로운 과학기술을 이용해 막대한 이익을 얻는 대기업에 세금을 물리고 그 세금으로 일자리를 잃은 사람들에게 나누어주자는 제안입니다. 자율주행 자동차를 개발하는 구글 같은 데서 떼돈을 벌면 일부를 실직한 택시 기사나 트럭 기사에게 재분배하는 격이지요. 하지만 여기에는 몇 가지 문제점이 있습니다.

첫째, 누가 기본소득의 금액을 정하는가 하는 문제입니다. 인간의 욕망은 끝없이 커지기만 합니다. 100년 전에는 소득 상위 1퍼센트에 속하는 사람들조차 손에 넣지 못했던 물품이 오늘날에는 반드시 기본적으로 갖추어야 할 물품 목록에 오릅니다. 예를 들어 인터넷은 의식주처럼 생활에 꼭 필요한 수단으로 간주되며 사람들은 누구나 인터넷에 접근할 수 있어야 한다고 생각하지요.

살아가는 데 무엇이 필요하고 돈은 얼마나 있어야 하는지 누가 결정해야 할까요? 아무리 현재 물가 기준으로 금액을 산정한다 해

---

* 노동의 유무나 자산에 관계없이 정부가 국민에게 생활을 위해 최소한으로 필요한 소득을 무조건적으로 지급한다는 사회 보장 정책.

유발 하라리

도 사람들은 그 액수에 바로 불만을 품을 것입니다. 이런 판단을 누가 할 수 있으며 또 해야 하는지에 대해 합의된 바가 없습니다.

둘째, 다른 나라 노동자에게도 지급해야 하는가 하는 문제입니다. 오늘날 세계 거의 모든 나라가 무역을 합니다. 그중 저임금 단순 노동에 의존한 산업 구조가 지배적인 곳은 주로 개발도상국입니다. 과학기술이 인간 노동을 대체해 이런 제3세계 국민이 일자리를 잃은 경우 미국이 구글이나 페이스북, 마이크로소프트에 세금을 거둬 그 돈을 방글라데시에 있는 실직한 직물공에게 송금하는 일이 현실적으로 가능할까요? 도널드 트럼프 대통령이 하는 연설만 들어도, 미국인이 방글라데시인에게 기본소득을 지급할 가능성은 희박하다는 걸 알 수 있습니다. 결국 아무리 선진국에서 기본소득 제도가 성공한다 해도 수억 명의 개도국 실업자 문제는 고스란히 남습니다.

셋째, 삶의 의미에 관한 문제입니다. 단순히 의식주를 제공하면 모든 것이 해결되나요? 우리에게는 살아가는 의미도 필요합니다. 직업을 잃은 사람들은 어디서 어떻게 삶에 의미를 부여할 수 있을까요? 혹자는 일할 필요가 없어지면 사람들이 컴퓨터 게임 같은 것에서 삶의 의미를 찾을 것이라고 말합니다. 분명 3D로 제작된 가상현실은 점점 진화할 것이고 보다 많은 사람이 더 많은 시간을 가상공간 속에서 지낼 것입니다. 그렇다고 그런 사회가 진정 우리가 추구하는 것인가요? 저는 그렇게 생각하지 않습니다.

오늘의 전문직은 내일의 실업자가 될 것인가

◇◇◇◇◇◇◇◇◇

저널리스트라는 제 직업만큼은 사라지지 않기를 바라지만, 머지않아 로봇이 인터뷰를 하는 시대가 올지도 모르겠습니다.

저널리스트나 번역가, 의사 등 전문직 대부분은 직업 자체가 완전히 사라지지는 않을 것입니다. 거의 자동화되기는 하겠지만요. 번역가의 경우 인공지능 번역 프로그램이 소설이나 시를 번역할 날은 아직 멀어 보입니다. 무라카미 하루키의 신작이 그런 번역을 통해 세상에 나오는 모습은 상상조차 안 되는군요. 대신 토요타가 이스라엘에 자동차를 수출할 때 자동차에 취급 설명서가 붙는데, 그것을 일본어에서 영어, 히브리어로 바꾸는 작업은 기계가 전담하겠지요. 단 무라카미 하루키 작품을 번역하는 일은 번역가들 중 극히 일부에게 주어질 것입니다. 그리고 토요타의 취급 설명서를 번역했던 대다수 번역가는 다른 일거리를 알아보아야겠지요. 운전사의 경우 자율주행 기술로 인해 대부분의 택시, 버스, 트럭 기사가 일자리를 잃을 것입니다. 의사도 마찬가지입니다. 새로운 암 치료 연구처럼 복잡한 지적 과업은 인간 몫으로 남겠지만, 두통이나 감기를 진단하는 일은 수년 내에 인공지능이 훨씬 더 잘 수행할 것입니다.

제가 지금 몸이 안 좋아 병원에 가면 20분 넘게 기다려서 5~10

유발 하라리

분 만에 간단한 진단을 받고 나옵니다. 의사는 단순한 질문을 두어 가지 하고 제 입을 열어 상태를 확인할 뿐입니다. 어쩌다 혈압을 측정하기도 하지요. 오랜 단골이니까 제 병력을 기억하고 있다가 그간의 경험 같은 한정된 데이터를 사용해 병을 진단할 것입니다. 하지만 의사도 사람인지라 최신 정보나 논문을 모두 파악하고 있지는 못합니다. 또한 피곤하거나 공복일 경우에는 판단력이 흐려져 병을 정확히 파악하지 못할 수도 있고, 때로는 틀렸거나 최선이라 보기 어려운 진단을 내리기도 할 것입니다.

한편 IBM에서 개발한 인공지능 왓슨Watson* 등을 의료 분야에 적용한다면 병원에 갈 필요 없이 언제 어디서든 스마트폰으로 진단받을 수 있을지도 모릅니다. 인공지능이 혈압이나 심박수를 보이지 않는 곳에서 감지하다가 속이 안 좋아지는 등 신체적 이변을 우리가 인지하기 전에 경고음을 울리겠지요. 병이 심해지기 전이니까 처치도 훨씬 수월할 것입니다. 예를 들어 '당신은 지금 아무런 예후를 못 느끼겠지만, 독감 초기 증세가 보입니다. 지금 이 약을 먹으면(혹은 오렌지주스를 마시면) 낫습니다.'와 같은 정보를 인공지능 의사가 알려주는 거죠. 그 혜택은 인간 의사가 제공해줄 수 없는, 인공지능 의사만의 절대적 가치입니다. 내 맞춤 의

---

* 세계적 IT 기업인 IBM이 개발한 인공지능 컴퓨터 시스템으로 2011년 미국 퀴즈쇼에서 인간을 제치고 우승을 차지한 바 있다. 최근 암 진단과 치료를 돕는 '왓슨 포 온콜로지(Watson for Oncology)'로 발전했다.

사가 늘 어디든 동행해주는 셈이니까요. 당신이 오늘처럼 이스라엘까지 날아와도 일본에 있는 주치의가 (스마트폰 안에서) 24시간 대기하는 상황이라고 보면 되겠네요.

특히 인공지능 의사가 큰 영향을 미치는 분야는 암의 진단과 치료 영역이라 생각합니다. 많은 사람이 증세를 느낀 후에야 병원에 가서 암을 발견하지만, 그때는 이미 온몸에 암이 전이되어 손도 못 대는 경우가 부지기수입니다. 하지만 몸에서 이상 징후가 나타나는지 인공지능 의사가 늘 지켜본다면 암을 조기에 발견할 수 있습니다. 지금 임상 의사가 하는 일의 90퍼센트가 진단인데, 앞으로 그 영역을 인공지능이 차지할 것입니다. 거의 모든 의사가 20년, 30년 후에 직업을 잃을지도 모를 일입니다.

21세기에 수렵민족을 본받아야 하는 이유

◇◇◇◇◇◇◇◇◇

교수님은 인생 100세 시대가 도래할 것이라는 예측과 함께, 인간은 죽을 때까지 자신을 바꿔나갈 능력이 있어야 한다고도 했습니다. 그런 능력은 어떻게 익히는 건가요?

사실 상당히 어려운 문제입니다. 현재 두 가지 현상이 한꺼번에 진행되고 있습니다. 하나는 인간 수명의 장기화이고 다른 하나는

유발 하라리

과학기술로 인한 변화의 가속화입니다. 그러니 살아남기 위해서는 새로운 과학기술을 부지런히 익히면서 급변하는 상황에 대응해야 합니다.

문제는 그러기가 매우 어렵다는 점이죠. 사람은 본래 변화를 달가워하지 않습니다. 10대에는 새로운 것을 비교적 쉽게 배우고 새로운 환경에 잘 적응합니다. 그러나 저처럼 40세에 접어들면 학습 능력이 점점 떨어집니다.

기존에는 인생을 두 시기로 나눴습니다. 배우는 시기, 그리고 배운 것을 활용하는 시기로 말이죠. 배우는 시기에 자아가 형성되고 교육이 이뤄졌다면, 다음 시기에 사람들은 배운 것을 사용해 먹고 살 수 있었습니다.

그러나 이런 방식은 21세기에 통하지 않습니다. 우리는 끊임없이 학습하고 혁신해야 합니다. 물론 40세, 50세에는 이미 상당한 시간과 노력을 들여 자기 정체성을 확립하고 경력을 쌓고 전문성을 강화한 뒤라서 그 시점에서 다시 처음부터 시작하기란 상당히 버겁습니다. 어떻게 해야 하는지도 모르고요. 30세를 넘기면 대다수의 사람은 새로운 것을 배우는 데 그다지 능숙하지 못합니다. 또 대부분 변화를 좋아하지 않지요. 그러나 이제는 하지 않으면 안 되는 시대가 되었습니다.

21세기를 살아가는 현대인은 수렵채집인에게서 배울 점이 많다고도 했는데요.

　물론 수렵채집인이 실제 사용하는 기술 자체가 21세기에 도움이 되지는 못합니다. 그러나 수렵채집인에게서 두 가지 중요한 점을 배울 수 있습니다.

　첫째, 그들은 자신의 바람에 부합하게 환경을 바꾸기보다 자신을 환경에 적응시킵니다. 수렵채집인은 줄곧 자신의 힘으로는 환경을 바꿀 수 없는 세상에서 살았습니다. 그래서 현대인보다 훨씬 유연성과 적응력이 뛰어납니다. 이것이야말로 평생 변화해야 하는 우리가 배워야 할 기술이지요.

　둘째, 그들은 자기 몸과 감각에 민감합니다. 수렵채집인은 살아남기 위해 감각을 갈고닦아야 했습니다. 눈으로 항상 주변을 살피고 작은 소리에도 귀를 쫑긋 세우며 주변 냄새에 예민하게 반응했죠. 하지만 현대인은 가상공간에서 점점 더 많은 시간을 보내면서 자기 몸과 감각에서 멀어지고 있습니다. 오늘날 현대인이 느끼는 소외감은 물리적 세계에서 단절되었기 때문이라고도 볼 수 있습니다. 그 해결책은 수렵채집인처럼 자기 몸과 감각에 주의를 더 기울이고 물리적 환경과의 접촉을 늘려나가는 것입니다.

　　　　　　　　　　　　　　　　　　　유발 하라리

인간은 자연선택을 극복할 것인가

◇◇◇◇◇◇◇◇

교수님 말대로라면 앞으로는 대다수의 사람이 일자리를 잃고, 변화하지 못하는 사람은 뒤처지겠군요. 그런 세상에 희망은 있을까요?

우리는 지금 인류, 아니 지구 생명 역사를 통틀어 최대 혁명기로 일컬어질 시대에 진입하고 있습니다. 40억 년 동안 생명은 자연선택의 법칙에 따라 진화를 거듭했습니다. 단세포 세균부터 공룡, 인류에 이르기까지 모든 유기 생명체의 생사는 자연선택 법칙이 결정했죠.

그런데 이제 우리는 자연선택조차 극복하려 합니다. 인간에 의한 지적 설계가 가능해지면서 자연의 섭리가 바뀌고 있는 것입니다. 지금 우리는 몸이나 뇌, 의식을 설계하고 만드는 방법을 알아내는 중입니다. 이것은 생명의 역사에서 커다란 혁명을 일으킬 것입니다.

어쩌면 40억 년 역사의 유기 생명체 시대가 곧 막을 내리고 그 자리를 무기 생명체가 차지할지도 모릅니다. 그러니 30년 안에 우리가 내릴 수많은 결정은 단순히 정치판을 흔드는 데 그치지 않고 생명의 미래 자체를 좌우할 것입니다. 이에 대해 섣부른 가치판단을 하려는 것은 아니지만, 모든 사람이 그런 시대에 돌입

했음을 인식은 해야 합니다.

교수님은 역사학자면서도 진화생물학이나 고고학에도 조예가
깊으시던데요.

저는 의문을 풀기 위해 한 분야에만 치중하지 않습니다. 세계는
하나입니다. 현실도 하나지요. 그러나 대학교에서는 실용성 측면
에서 역사, 생물, 경제, 물리 등으로 분야를 나눠 연구자를 육성하
고 있습니다. 물론 이런 방식도 필요합니다. 한 사람이 모든 분야
에서 전문가가 될 수는 없으니까요.

단지 문제가 되는 것은 한 분야에 갇혀 있다 보면 다른 분야에
서 무슨 일이 일어나는지 파악하지 못한다는 점입니다. 중요한
문제에 답을 찾아내고 싶다면 자신의 전문 분야에서 벗어나 다른
분야에 대한 지식도 쌓아야 합니다. 제게는 학문의 경계를 지키
는 일보다 궁금증을 해소하는 것이 더 중요합니다. '지금 사람들
은 석기 시대보다 행복할까?'와 같은 질문에 답하기 위해서는 심
리학, 생리학 관련 지식이 필요합니다. 그래서 관련 자료를 읽고
배웁니다.

여러 분야를 공부하는 팁을 드리자면 자신의 기대치를 조금 낮
추십시오. 모든 분야에서 전문가가 될 수 없고 모든 주제에 깊이
알 수는 없음을 우선 인정합시다. 좁은 분야에서는 내가 아닌 다

유발 하라리

른 사람이 전문가여도 괜찮다고 생각하는 것이죠. 아무리 얕은 수준이라도 다른 여러 분야에 대해 이해하고 있는 사람은 큰 그림을 그릴 수 있습니다.

분야 횡단적 연구의 중요성은 이미 오래전부터 알려져 있었습니다. 역사에서 특정 시기만 도려내 살펴보는 것도 나름의 의미와 가치가 있습니다. 다만 과거에 무슨 일이 일어나는지 폭넓게 이해하고 싶다면 분야 횡단적 연구가 필요하죠.

오늘날 인류가 안고 있는 중요한 문제들을 다루려고 해도 역시 마찬가지입니다. 예를 들어 기후변화와 같은 주제를 연구할 때 기상학이나 지리학 외에 정치, 경제, 역사, 철학 관련 지식도 필요하다는 말입니다. 인공지능과 같은 새로운 과학기술을 배울 때도 이런 식으로 접근해야 합니다. 인공지능 사용법을 이해하기 위해서는 당연히 컴퓨터를 어느 정도 이해하고 있어야 합니다. 스스로 프로그램을 만드는 법까지 익힐 필요는 없지만, 인공지능이란 무엇이고 무엇을 할 수 있는지 정도는 파악해두어야 합니다. 또 정치나 경제, 철학에 관해서도 이해하고 있어야 인공지능이 촉발하는 여러 문제들에 통합적으로 대응할 수 있습니다. 이렇듯 오늘날 전 지구적 의제를 다루기 위해서는 분야 횡단적 접근이 필수적입니다.

같은 역사학자일지라도 특정 시대나 지역을 파고드는 이가 있는가 하면, 저처럼 거시적 관점에서 연구하는 이도 있습니다. 양자는 서로 보완적인 존재입니다. 모두 필요하죠. 모든 역사가가 저처럼 거시적 연구만 한다면 그 또한 문제입니다. 중세 일본을 깊이 이해하는 사람이나 제1차 세계대전에 대해 세세히 알고 있는 사람이 없어지는 현상은 결코 바람직하지 않습니다. 다만 제 개인적으로 거시적인 의문에 더욱 끌리는 것뿐입니다.

미래를 위해 지금 바로 움직여라

◇◇◇◇◇◇◇◇

교수님이 생각하기에 30년 후에 무슨 일이 일어날 것 같습니까?

미래를 완전히 예측할 수 있는 사람은 아무도 없습니다. 우리가 할 수 있는 유일한 일은 각기 다른 가능성을 그려보는 것뿐입니다. 세계는 결정론에 따라 움직이지 않으니까요.

누구나 생각할 수 있겠지만, 인공지능 기술이 상당히 빠른 속도로 진화해 단순히 인터넷 세상뿐 아니라 정치, 경제, 문화 전반을 바꿀 것입니다. 그럼 어떻게 바뀌어야 할까요? 그 답을 구하기 위해 학자로서 제 사명은 최악의 상황까지 포함해 다양한 가능성을 제시하는 일입니다. 사람들이 무용 계급의 출현과 같은 위험을 사전에 인지하는 것이 매우 중요합니다. 그래야 원하지 않은 결과가 나타나기 전에 미리 대처할 수 있으니까요. 미래를 예측하는 일이 의미가 있으려면, '이런 일들이 앞으로 일어날 것입니다. 어떤 일이든 가능성이 있지만, 특정 가능성에 위기감을 느낀다면 당장 행동하세요.'라는 메시지를 전달해야 합니다. 만약 아무것도 할 수 없다면 예측은 아무 소용없죠.

지금 바로 움직여야 한다는 말이군요.

네, 위기가 현실이 되기 전에 막아야 합니다. 저는 학자로서 개연성 있는 청사진을 그릴 뿐이지요. 불안감을 느꼈을 때 어떤 행동을 취할지는 각자의 몫입니다.

2장

◇◇◇◇◇◇◇◇◇

현대 문명은
지속할 수 있는가

"각국 시장이 단일한 세계 경제로 통합되는 가운데 인류 역사상 최초로 '전 세계적 붕괴'가 발생할 가능성이 제기되고 있습니다. 인류는 현재 지속 가능한 경제를 만들 수 있는가, 전 세계적으로 일정 수준의 생활이 평등하게 보장될 수 있는가 하는 문제에 직면했습니다."

© 마토노 히로미치(的野弘路)

재레드 다이아몬드 Jared Diamond

1937년에 미국 보스턴에서 태어났다. 하버드 대학교에서 생물학을, 케임브리지 대학교에서 생리학을 전공했으며 진화생물학, 조류학, 인류생태학으로 연구 영역을 차츰 넓혔다. 캘리포니아 대학교 로스앤젤레스 캠퍼스(UCLA)에서 의과대학 생리학과 교수를 거쳐 현재 동 대학교 지리학과 교수로 재직 중이다. 저서로 퓰리처상을 받은 『총, 균, 쇠』를 비롯해 『문명의 붕괴』(김영사), 『어제까지의 세계』(김영사) 등이 있다.

◇◇◇◇◇◇◇◇◇◇◇

유발 하라리의 『사피엔스』가 세계적 베스트셀러가 된 것에서 알 수 있듯, 인류 역사 전체를 조감하는 설명 방식이 관심을 끌고 있다. 점점 불확실해지는 세상에서 거시적인 관점으로 역사를 새롭게 이해하고 통찰을 발굴해낼 필요성이 커졌기 때문일 것이다.

재레드 다이아몬드는 『총, 균, 쇠』에서 인류가 왜 다섯 대륙에서 각기 다른 속도로 발전했는가와 같은 인류사의 커다란 수수께끼를 진화생물학, 생물지리학, 문화인류학, 언어학 등의 광범위한 지식을 토대로 밝혀내 퓰리처상을 받았다. 그런 의미에서 거시적 안목으로 역사를 탐구하는 조류는 다이아몬드에서 내려온 것이라 해도 과언이 아닐 터다.

다이아몬드와의 대담에서 주제는 크게 두 가지다. 하나는 저출산 고령화나 격차와 같이 전 세계가 현재 안고 있는 문제에 관한 것이다. 다른 하나는 그가 40년에 걸쳐 연구해온 뉴기니 등의 전통 사회가 현대 사회에 시사하는 점에 관한 것이다.

먼저 일본을 비롯해 선진국들을 위협하는 저출산 고령화 현상에 대해 다이아몬드는 우리가 미처 생각하지 못한 새로운 해석을 내놓는다. 그는 일본에서는 아직 인적자원이 충분히 활용되지 않고 있음을 지적하며 그 부분을 개선한다면 저출산 현상을 새삼 비관적으로 볼 필요가 없다고 말한다. 더욱이 앞으로 세계에서는 자원을 둘러싼 전쟁이 발발할 가능성이 있으므로, 자원에 대한 수요 측면에서 저출산은 오히려 새로운 경쟁력이 될지도 모른다는 점을 피력한다.

대신, 다양성 면에서는 일본이 크게 뒤처져 있음을 지적한다. 노벨상 수상자의 수는 미국이 단연 으뜸이나, 인구나 과학 연구에 투자한 규모를 고려했을 때 일본인 수상자가 스위스나 프랑스, 스웨덴보다 적은 편이다. 다이아몬드는 이런 현상이 다양성 부족에서 기인한 것이라고 말한다. 다양성에는 빛도 있고 그림자도 있다. 하지만 창의성이 다양성에서 비롯된다는 점을 생각하면 일본의 미래가 자못 걱정스럽다.

격차 문제도 잊어서는 안 된다. 다이아몬드는 격차에 의해 생기는 세 가지 위험, 즉 신종 전염병의 확대, 테러리즘의 만연, 타국으로의 이주 가속화가 큰 문제를 야기할 것이라고 예측한다. 격

재레드 다이아몬드

차 문제는 윤리적인 가치판단의 대상일 뿐 아니라 세계적 재앙을 피하기 위해 선진국들이 나서서 해결해야 할 전략 과제인 것이다.

대담 마지막에서 다이아몬드는 오랜 시간 연구해온 전통 사회 이야기를 꺼낸다. 전통 사회는 일종의 실험장이다. 우리는 여러 형태의 전통 사회에서 자녀 양육 방식부터 노인의 사회적 처우 등에 대한 교훈을 얻을 수 있다. 현대 문명이 직면한 한계들을 극복하기 위해 어떤 지혜가 필요한지 알고 싶다면 이 지성의 통찰을 눈여겨볼 필요가 있다.

❖ ❖ ❖

곳곳에서 붕괴의 징후가 드러난다

◇◇◇◇◇◇◇◇

교수님은 종종 "어떤 문명이든 붕괴할 위험이 있다."라고 말했습니다. 그렇다면 현재 선진국들이 안고 있는 위험은 무엇입니까?

현재 선진국들이 가고 있는 길은 지속 가능성이 희박해 보입니다. 그러니 늘 붕괴 위험에 노출되어 있다고 할 수 있지요. 인류가자원을 지나치게 빨리, 대량으로 소비하는 바람에 자원을 만들어내야 할 지구가 맥을 못 추고 있습니다. 이대로는 자원 부족으로인해 인류 문명이 붕괴할 수도 있습니다. 또는 자원을 둘러싼 경쟁이 전쟁을 일으켜 붕괴로 이어질 수도 있겠지요.

재레드 다이아몬드

일본은 2011년에 동북부 대지진과 후쿠시마 원자력발전소의 방사능 누출이라는 파국적인 재해를 겪었습니다. 아직까지 복구 작업이 미진한 곳도 있는데요. 교수님은 『어제까지의 세계』에서 40년 이상 연구해온 뉴기니 등의 전통 사회들을 언급하며 거기서 많은 지혜를 얻을 수 있다고 했습니다. 이런 위기를 극복하기 위해 우리가 참조할 만한 것이 있을까요?

재난 후유증으로 원자력발전에 회의적인 시각을 갖게 된 점은 이해하나, 대체 수단을 생각해야 합니다. 화력발전소가 대기오염이나 기후변화를 가속할 위험과, 원자력발전소의 방사능 누출 때문에 사상자가 발생하고 환경이 오염될 위험 양쪽에서 선택을 해야 하는 어려운 상황인 거죠. 선택의 폭이 좁은 전통 사회에서는 기존의 에너지를 어떻게든 효율적으로 활용할 수밖에 없다는 점에서 상황이 다릅니다.

인구 감소는 손뼉 치며 환영할 일

◇◇◇◇◇◇◇◇◇

일본을 포함해 여러 선진국에서 인구 감소가 큰 문제로 부상했습니다. 이 문제에는 어떻게 대처해야 할까요?

많은 사람들이 인구 감소를 큰 문제로 간주하지만, 사실은 환영할 일입니다. 미래의 큰 위기 중 하나는 자원 부족이 될 것입니다. 특히 일본은 자원이 부족해서 수요 대부분을 수입에 의존하고 있습니다. 자원에 대한 수요는 인구에 비례하므로 인구가 많아질수록 국가는 보다 많은 자원을 확보해야 합니다.

지난 세기 일본의 외교 정책에서 어렵고도 중요한 것이 바로 자원의 수입이었습니다. 당연히 경제와도 직결되는 문제이므로 인구 감소는 오히려 이점이 될 수 있습니다.

그렇지만 인구의 감소는 국력의 쇠퇴로 이어지지 않습니까?

만일 제가 일본에 해를 입히고자 한다면 무슨 짓을 해서든 일본 인구를 늘리려 할 것입니다. 그것이 장차 일본을 고민에 빠뜨리는 가장 간단한 방법이니까요.

일반적으로 인구가 많은 것이 장점이라고 합니다. 정말 그럴까요? 나이지리아 인구는 일본보다 많은 2억 명에 달합니다. 한편 독일 인구는 일본의 3분의 2 정도에 불과합니다. 일본이 경제 대국인 이유는 1억 명 이상의 인구 때문이 아니라 독일처럼 창조성과 생산성을 보유하고 있기 때문입니다. 인구 감소를 걱정하는 자세가 나쁜 건 아닙니다만 인구가 줄어들고 있는 현실은 기뻐할 일입니다.

재레드 다이아몬드

하지만 인구 감소가 특히 문제되는 이유는 노동인구가 줄어들기 때문입니다. 일본 기업들은 이미 심각한 인력난에 허덕이고 있고요. 이대로는 가다간 사회 보장 제도가 무너지는 것이 아닌가 하는 우려도 큽니다.

물론 나와 정반대로 인구 감소를 재앙으로 보는 이들도 있습니다. 하지만 그들이 우려하는 바가 세계적인 노동인구 감소라면 인구 감소 자체가 강점으로 작용할 것이라는 사실에는 변함없습니다.

정년제를 폐지하고 고령자를 활용하라

◇◇◇◇◇◇◇◇◇

일본은 인구 감소와 함께 초고령화가 진행되고 있습니다. 은퇴하는 사람은 늘어만 가는데 빈자리를 채울 청년들이 부족합니다. 지금의 일본처럼 초고령화를 겪은 사회가 인류 역사에 또 있었습니까? 초고령화를 맞이한 일본이 붕괴하지 않으려면 어떻게 해야 할까요?

인류 역사상 일본처럼 평균수명이 긴 사회는 없었습니다. 역사적으로도 특이한 경우죠. 일본의 경우 고령화를 활용하는 방법을 진지하게 고민해봐야 합니다. 고령자는 경우에 따라 꽤 우수한 인재일 수 있습니다. 물론 1킬로미터를 3분 만에 달려야 하거나 400킬로그램이나 되는 짐을 들어 올리는 일에는 고령자가 제 역할을 하기 어렵겠죠. 그러나 경영이나 관리 경험이 필요한 자리나 설득력 있게 조언하는 자리에는 젊은 사람보다 고령자가 더 유용할지도 모릅니다. 예를 들어 노인들은 어느 정도 성취해 놓은 것이 있으니 개인적인 욕심을 부릴 여지가 적은 반면 젊은이들은 성공하겠다는 야심에 눈이 멀어 자칫 일을 그르칠 가능성이 있다고 본다면 말입니다.

이처럼 초고령화 사회에서는 고령자를 자원으로 인식하고 어떻게든 활용하려고 노력하는 것이 아주 중요합니다. 혹시 일본에는 일정 나이가 되면 회사를 그만두어야 하는 정년퇴직 제도가 있나요?

네. 실력이 있건 없건 일정 연령이 되면 퇴직해야 합니다.

그건 굉장히 잔인하군요. 미국에서도 과거에는 정년퇴직 제도가 있었지만, 고용상연령차별금지법 Age Discrimination in Employment Act 의 적용 대상을 40세 이상으로 하고 상한 연령을 폐지한 1986년에 사라졌거든요.

덕분에 저는 앞으로 몇 달만 지나면 81번째 생일을 맞습니다만

재레드 다이아몬드

퇴직할 의무는 아직 없습니다. 대학교에서 교편을 잡고 있는데, 오히려 풍부한 경험을 인정받아 교수로서 높은 평가를 받고 있죠.

일본은 세계에서 고령자 비율이 가장 높은 나라입니다. 그러니 정년제라는 시대착오적인 제도는 폐지하고 고령자에게 고용 기회를 확보해주어 인적자원을 최대한 활용할 방법을 빨리 찾아야 합니다. 육체노동에는 부적합할지 모르나 관리자나 고문, 감독 등 고령자의 능력을 살릴 수 있는 일은 많습니다.

그렇다면 미국 대학에서는 학생들로부터 평판이 좋은 한 퇴직할 시기를 스스로 선택할 수 있습니까?

일반적으로는 그만둘 시기를 스스로 결정할 수 있습니다. 물론 계속 근무하고 싶어도 학생들의 평가가 지나치게 낮다면 학교 정책에 따라 그만두는 수순을 밟게 되겠지요. 그런 경우는 가뭄에 콩 나듯 매우 드뭅니다. UCLA 교수진은 4000명이 넘지만, 학생들이 불만을 토로해 퇴직까지 하게 된 경우는 제가 알기로 최근 15년 동안 단 두 건이었습니다.

대학에 정년제가 존재하던 20년 전쯤에만 해도 70, 80, 90대 교수들이 학생들을 제대로 가르칠 수 있겠냐는 우려가 컸다고 합니다. 그런데 대부분 교원이 65~70세에 일찌감치 퇴직을 하더라는 거죠. 그러니 학교 측에서는 연구 실적이 저조하거나 가르치는 방식이 효과적이지 않은 사람을 퇴직으로 몰아붙일 필요가 없었습니다.

그리고 70대나 80대여도 여전히 혈기왕성하고 창조적인 사람은 있습니다. UCLA 의과대학에 친한 친구 둘이 있는데 각각 80세, 87세입니다. 그들은 아직도 현역 의사로 왕성하게 일하고 있습니다. 97세에 돌아가신 우리 아버지도 의사였는데, 93세까지 환자를 진료했습니다.

뉴기니 노인은 고독을 모른다

교수님은 저서 『어제까지의 세계』에서 전통 사회를 자주 언급했습니다. 전통 사회에서는 고령자에 대해 어떤 대책을 마련하고 있습니까?

사회마다 천차만별이라 말할 수 있습니다. 개중에는 우리 시각에서 볼 때 가혹한 것도 있고요. 예를 들어 어떤 유목민은 이동할 때 갓난아기와 물자를 먼저 이동시켜야 해서 걷지 못하는 고령자는 두고 가거나 죽입니다. 하지만 사실은 대체 수단이 없기 때문에 벌어지는 일일 뿐입니다. 반면 뉴기니와 같은 정착 사회에서는 친구나 친척, 자녀 들에게 둘러싸여 생을 마감합니다. 고령자

재레드 다이아몬드

를 격리, 수용하는 요양원 같은 시설도 없습니다. 오늘날 미국 노인들이 친구나 자녀와 떨어져서 고독하게 최후를 맞는 현실에 비하면 뉴기니와 같은 전통 사회 노인들이 훨씬 만족스러운 삶을 영위하는지도 모릅니다.

애초에 뉴기니에는 고독한 상황 자체가 없습니다. 뉴기니에 조류 관찰을 하러 종종 가는데, 핸드폰이나 이메일에 한눈팔 새도 없이 늘 현지인과 수다를 떱니다. 반면 지금 미국에서는 직장이나 학교 등 여러 이유로 부모와 자식이 서로 떨어져 지내는 가정이 많습니다. 운이 좋으면 일주일마다 가족끼리 식사라도 하겠지만 그러지 못하고 1년에 한두 번 만날까 말까 하는 집들도 있어요. 뉴기니에서는 이해할 수 없는 일이죠.

『어제까지의 세계』에서 미국으로 이주한 뉴기니 여성이 등장하는데, 그녀는 미국이 마음에 든 이유가 익명성 때문이라고 했습니다. 누구에게도 방해받지 않고 여유롭게 앉아서 신문을 읽을 수 있다고요.

그것은 고독이라는 동전의 뒷면이라 보면 됩니다. 미국 사회를 일방적으로 비난하는 것도 옳지 않아요. 미국에서는 다른 사람을 개의치 않고 하고 싶은 일을 할 수 있는 익명성이 어느 정도 보장되지요. 사람들은 홀로 카페에 가서 누구의 간섭 없이 커피를 음

미하거나 신문을 읽을 수 있습니다. 반면 뉴기니에서는 괜찮은 직장에 취직하면 그 결과물을 친구들이나 친척들에게 분배하라는 압박이 계속 들어옵니다. 그 점에서는 미국 사회의 고독이 나쁜 것만은 아닌 셈이죠.

하지만 여기서 어떤 사회가 좋고 나쁘다는 이야기를 하자는 것이 아닙니다. 현대 사회에서 사람들은 과거에 비해 물질적 풍요와 기술적 편의를 양껏 누릴 수 있게 되었지만 고령자의 삶은 꽤나 비참한 경우가 많다는 사실이 중요합니다. 이런 역설이 무엇을 의미하는지 생각해봐야 하지 않을까요.

사회적 다양성이 국가 경쟁력을 높인다

◇◇◇◇◇◇◇◇◇

교수님은 15~19세기에 중국이 유럽에 밀린 이유가 '통일의 약점'이 드러났기 때문이라고 말한 적 있습니다.(《니혼게이자이신문》 2017년 11월 28일자) 자세한 이야기는 다음과 같은데요. 교수님 말에 따르면 중국 황제는 대외 진출에 소극적이었습니다. 중국은 거대한 통일 국가였고 황제는 단 한 명이었기 때문에 그 결정을 피할 길은 없었죠. 반면 유럽 대륙에는 대외 진출에 거액의 자금을 아낌없이 투자할 다양한 왕국이 존재했습니다. 덕분에 이탈리아, 프랑스, 포르투갈을 돌고 돌아 스페인 왕으로부터 지원을 받

재레드 다이아몬드

은 콜럼버스가 신대륙을 발견합니다. 이처럼 다양성은 위험을 분산시킬 하나의 해결책이라는 말로 이해하면 됩니까?

맞습니다. 다양성에 관해 두 가지 관점에서 설명해 드리죠. 하나는 정치적인 다양성입니다. 예를 들어 연방제인 미국은 일본과 마찬가지로 중앙정부가 존재하지만, 독자적인 권한을 가진 50개 주로 다시 나뉩니다. 그 주들은 중앙정부가 시행하는 정책의 50가지 실험장이라 해도 무방합니다. 예를 들어 캔자스주에서는 2011년부터 2018년까지 주지사를 역임한 새뮤얼 브라운백Samuel Dale Brownback이 절세 정책을 추진하는 바람에 교육비 예산이 줄어들었습니다. 그런데 수년 후에 교육비 삭감으로 인한 폐해가 드러났고, 다른 주에는 실패의 본보기가 되었지요. 50개 주가 자율적으로 정책을 실험할 수 있다는 점은 정치적 다양성 측면에서 유리합니다.

또 하나는 인간으로서의 다양성입니다. 민주주의 선진국 중에서도 일본은 아마 세계에서 가장 균일한 인종을 가진 나라일 것입니다. 그로 인해 개개인의 다양성은 낮지만, 대신 집단 간 대립이 잘 발생하지 않습니다. 반면 인종 다양성이 높은 미국에서는 다양한 집단 간 대립이 빈번합니다. 대신 인종 다양성은 문화의 다양성과 창조성으로 이어집니다. 미국에서 예술이 발달한 것도 이 때문이죠.

인간으로서의 다양성은 이민 문제에도 영향을 미칩니다. 이민에 관해서도 미국과 일본은 정반대 상황에 놓여 있습니다. 일본에서는 최소한의 이민만 허용하지만, 미국은 주요 선진국 중에서 아마도 이민자가 가장 많은 나라일 것입니다.

미국에서는 국민을 두 부류로 나누어 생각합니다. 한 부류는 에너지가 넘치고 기꺼이 위험을 감수하고자 하는 사람들입니다. 다른 부류는 지금까지 해온 과정을 고수하려는, 야심 없는 사람들이지요. 이민은 둘 중 위험을 택할 용기가 있는 사람이 합니다. 위험이 겁나는 사람은 이민을 엄두조차 못 내지요. 미국은 이민자들을 받아들인 덕분에 가장 야심만만한 국민을 얻은 셈입니다.

이민이야말로 미국이라는 나라에 활력을 불어넣는 원동력이란 말이군요.

미국이 가장 많은 노벨상 수상자를 배출하며 세계를 선도하고 있는 걸 보세요. 미국 노벨상 수상자 중에는 이민자가 과할 정도로 많은데, 그들은 과학 분야에서 뛰어난 창의력을 발휘합니다. 그에 반해 일본은 인구나 과학 연구 규모, 개발비 등을 고려하면 스위스나 프랑스, 스웨덴보다 노벨상 수상자 수가 적은 편에 속합니다. 일본에서 기대하는 만큼 혁신적인 결과가 나오지 않는 이유는 이민에 대한 소극적인 자세와 관련 있다고 봅니다.

재레드 다이아몬드

다양성 결여가 국가 경쟁력에 걸림돌이 된다는 말입니까?

다양성은 단점도 있고 장점도 있습니다. 앞서 말한 것처럼 문화적 단일성은 사회 내 갈등을 줄여주는 대신 창의와 혁신을 뒤처지게 하는 면이 있습니다.

아베 정권은 노인과 여성을 노동시장에서 적극 활용하게 하는 정책을 추진하고 있습니다. 이런 노력이 부족한 다양성을 보완해줄까요? 여성이 좀 더 활약하기 위해서는 어떤 변화가 필요한가요?

일본뿐 아니라 미국이나 유럽, 오스트레일리아에서도 여성의 사회 진출에는 여러 걸림돌이 있습니다. 하지만 제가 보기에 일본에서 여성의 역할은 다른 나라와 비교했을 때 상당히 제한적입니다. 무엇보다도 남녀평등을 받아들일 수 있는 의식의 전환이 특히 남성들 사이에서 이뤄져야 합니다.

국가 간 빈부 격차가 야기하는 세 가지 위협

세계화가 심화되면서 국가 간 소득 불평등 정도가 크게 벌어지고 있습니다. 인공지능이 국가 간 격차를 가속할 것으로 예상되는 가운데, 앞으로 인류가 직면할 문제들은 어떤 게 있을까요?

인공지능에 관해서는 전문가가 아닌지라 말하기 곤란하군요. 인공지능이 이러니저러니 답하는 모습을 제 아이들이 본다면 배를 부여잡고 웃으며 "저희 아버지는 인공지능의 'ㅇ'도 모르니 묻지 마세요."라고 할걸요.

하지만 국가 간 격차에 대해서라면 말할 게 좀 있습니다. 이런 종류의 격차는 크게 세 가지 문제를 야기할 수 있습니다.

첫째로 신종 감염병의 확산 문제가 발생할 수 있습니다. 모두가 알다시피 가난한 나라는 공중위생과 공공 보건에 투자할 여력이 없습니다. 그러다 보니 이런 가난한 나라에서 신종 감염병이 등장해 전 세계로 퍼져나갈 수 있는 것이죠.

1960~70년대 아프리카에서 마르부르크Marburg 출혈열이나 에볼라Ebola 출혈열을 일으키는 신종 바이러스가 발견되었습니다. 에이즈AIDS 바이러스는 1980년대에 처음 발견되었고요. 앞으로도 새로운 병원체가 얼마든지 등장할 수 있습니다.

신종 감염병으로 고통받는 것은 발현지의 국민만이 아닙니다. 오늘날 기술의 발전과 세계화로 많은 사람들이 전 지구를 자유롭게 오가고 있습니다. 그 과정에서 병원체도 가난한 나라의 국경을 너머 부유한 나라로 퍼질 수 있습니다. 실제로 에볼라, 에이즈 바이러스는 미국 국민을 감염시켰지요. 소득 격차가 낳은 감염병

재레드 다이아몬드

이 국지적 풍토병에서 그치는 것이 아니라 전 세계인의 건강을 위협하는 유행병이 될 수 있다는 말입니다.

두 번째 문제는 테러리즘입니다. 국가 간 격차가 커지면 빈곤국 국민은 미국이나 일본, 유럽 등 선진국의 여유로운 삶에 분개하게 됩니다. 물론 테러범은 미국이나 일본에도 존재하겠죠. 하지만 그들이 국민 다수로부터 지지받는 일은 없습니다. 미국이나 일본 국민 대부분은 세계 기준으로 볼 때 비교적 만족스러운 생활을 영위하기 때문입니다.

하지만 불만이 쌓인 가난한 나라에서는 테러범들이 굉장한 지지를 얻기도 합니다. 그래서 테러범들은 가난한 나라에서 지지 기반을 얻은 후 부유한 나라를 공격하는 식으로 움직입니다.

격차로 인한 세 번째 문제는 타국으로의 이주가 가속된다는 점입니다. 빈곤국 정부가 생활수준을 높이려고 정책을 세우고 제도를 개선해도, 그 성과를 확인하려고 국민이 50년이나 기다려주지 않습니다. 기다리다 세월이 다 가버리니까요. 사람들은 지금, 바로 이 시점에서 높은 생활수준을 누리고 싶어 합니다. 그 유일한 해결책은 풍요로운 곳으로 이주하는 것이지요.

미국에서는 이민을 완전히 막기란 불가능하다고 결론지었습니다. 그 대단한 트럼프 대통령도 국경을 완전히 폐쇄하지는 못할 것입니다. 일본은 바다로 둘러싸인 섬나라라서 당장은 이민자들이 자국에 들어오지 못하게 하기가 좀 더 편하겠지만 영원히 그럴 수는 없을 것입니다.

인공지능 발달이 원인이든, 다른 요인이 있든 간에 국가 간 격차는 심각한 문제를 무수히 초래합니다. 그중에서도 특히 감염병의 전 지구적 확산, 테러리즘의 만연, 걷잡을 수 없는 이민 문제를 꼽아 봤습니다.

격차는 앞으로 더욱 벌어질까요?

그건 알기 어렵습니다. 격차가 더욱 벌어질지는 미국과 일본처럼 부유한 나라의 정책에 상당히 좌우되거든요. 선진국이 개발도상국에 시행하는 대외 원조에도 영향을 받겠지요. 가난한 나라의 상황이 개선되지 않거나 심지어 더 나빠진다면 격차는 벌어질 것입니다. 신종 병원균이나 테러리즘, 이민 문제도 더욱 불거지겠지요. 반대로 선진국이 대외 지원을 아끼지 않고 빈곤국은 경제성장과 생활수준 향상을 위해 노력한다면 격차는 줄어들겠지요.

선진국이 격차 문제를 심각하게 받아들여야 한다는 말입니까?

물론입니다. 미국에서 대외 원조는 자선사업이라는 인식이 큽니다. 미국인이 대외 원조를 하는 이유는 스스로가 고귀하고 도덕적으로 훌륭하며 지적인 국민이라고 생각하기 때문입니다. 그

재레드 다이아몬드

러나 신종 감염병이나 테러리즘, 이민을 감소시키는 일은 결국 자기 자신을 위한 일이기도 합니다. 그러니 순수한 이타적 동기에 호소할 것이 아니라 오히려 이기심을 자극해 더 적극적으로 격차 줄이기에 나서게 만들 필요가 있습니다.

대외 원조는 "누이 좋고 매부 좋다."는 말이군요.

바로 그렇습니다. 표현이 딱 맞네요. 미국이 가난한 나라에 행하는 대외 원조가 양국에 이익이 되듯 일본도 대외 원조를 통해 마찬가지로 이익을 얻을 수 있습니다.

왜 지금 전통 사회인가

◇◇◇◇◇◇◇◇◇

이제 교수님 필생의 업인 뉴기니 연구, 구체적으로는 전통 사회에 관해 묻겠습니다. 먼저 전통 사회란 어떤 사회를 뜻합니까?

전통 사회란 수십 명에서 수천 명 규모의 낮은 인구밀도를 가진 사회를 말합니다. 그런 곳에서는 서구화된 산업 사회와 접촉해도 변화가 제한적으로 나타납니다. 인류 역사상 최근까지도 모든 사회가 이런 소규모 전통 사회였습니다. 그런데 많은 변화 속에서 수천 가지의 '실험'을 거듭한 결과 다양한 사회가 형성되었지요. 제가 쓴 『어제까지의 세계』는 전 세계에 존재하는 39가지 전통 사회를 보여주며 전쟁, 양육, 노화 등 인간 공통의 문제를 다루고 있습니다. 그 사회들과 현대 사회를 비교하면서 독자들이 필요한 교훈을 얻어간다면 좋겠네요.

언제부터 이런 전통 사회에 관심을 두기 시작했습니까? 특별한 계기가 있는지요?

아직 미혼이었던 20대 중반에는 혈기 왕성해서 친구와 남아메리카에 있는 페루를 여행하기로 했습니다. 그런데 실제로 아마존 강 유역에 가보니 새를 관찰하거나 원주민과 생활하는 일 외에 딱히 할 게 없더군요. 좀 더 모험을 해보고 싶다고 생각했고 그래서 뉴기니에 가게 되었습니다. 1964년에 조류 진화에 관한 연구를 위해 뉴기니 땅을 밟았는데, 그때 현지 원주민들과 마음이 맞아서 그들이 사용하는 언어에도 관심을 갖게 되었습니다. 그 후로 줄곧 미국과 뉴기니를 오가고 있습니다.

여러 차례 오가면서 그곳 사람들이 교수님 인생에 영향을 준 부분도 있겠는데요.

재레드 다이아몬드

셀 수도 없습니다만, 특히 저희 부부는 양육 방식에 크게 자극을 받았습니다. 뉴기니 원주민들의 양육 방식을 보여주는 한 일화가 떠오르네요. 소개하면 다음과 같습니다.

언젠가 뉴기니에서 짐꾼을 구하고 있었는데 열 살 된 소년이 자기가 하겠다고 나서더군요. 근처에 부모가 없어서 허락도 받지 못한 채 한 달 정도 함께 지냈는데, 이웃 주민이 타지에 갔다 돌아온 부모에게 "당신 자식이 낯선 백인하고 어딘가로 가더라."라고 전하는 게 다였다고 합니다. 그래도 부모는 자식의 안위를 걱정하지 않았다더군요. 뉴기니의 아이들은 독립적으로 자라서인지 자신감을 갖고 자기 일을 알아서 결정합니다. 그런 육아 방식을 보면서 많이 배웠습니다.

그 밖에 뉴기니 전통 사회에서 많은 것을 배웠는데요. 대표적으로 위험에 대처하는 방법, 노인에 대한 대우, 건강하게 사는 방법 등이 있겠네요.

전통 사회에서 더 나은 삶을 발견하다

◇◇◇◇◇◇◇◇◇

교수님은 과거 《사이언스》에서 "2개 국어를 구사하는 자녀는 알츠하이머병에 걸릴 확률이 낮다."는 연구 결과를 발표했습니다. 이중 언어 사용이 그렇게까지 효과적인가요?

네. 이중 언어 사용이 알츠하이머병을 예방하는 이유는 끊임없이 뇌를 사용하기 때문입니다. 단일 언어 사용자는 이중 언어 사용자에 비하면 뇌를 덜 사용하니까요. 최근에 캐나다 토론토에서 실시된 연구에서 이중 언어 사용자는 알츠하이머병이 5년 정도 지연된다는 사실이 밝혀졌습니다. 저는 13개 국어가 가능한데, 그래서 65년 동안 지연 효과를 누리고 있는 것인지는 알 수 없지만요.(웃음)

최근 인터뷰한 일본계 미국인 작가는 어머니가 일본인인데 집에서 일본어를 전혀 사용하지 않았다더군요.

가정에 따라 교육 방침은 다르니까요. 그 어머니가 일반적이지 않나요. 실제로 제 조부모나 장인, 장모도 미국 이민 1세대인데, 모국어인 히브리어나 폴란드어를 자녀들 앞에서는 쓰지 않으려 했다 합니다.

언어 교육 외에도 바른 교육이란 무엇인가와 관련된 논의는 어느 사회를 불문하고 뜨거운 주제일텐데요. 이와 관련해 최근 미국에서는 훈육을 명목으로 자녀의 엉덩이를 때려도 되는지가 논의되었습니다. 답을 알고 싶다면, 미국의 25개 주에서는 체벌을 의무화하고 다른 25개 주에는 전면 금지한 다음, 30년 후에 '어느 주에서 자란 자녀가 자신감이 넘치는가?' 혹은 '창조적인가?'

재레드 다이아몬드

를 비교하는 실험을 하면 됩니다.(현실적으로는 어렵겠지만요.) 대신 수천 년 동안 그런 체벌을 하고 있는 전통 사회와 그렇지 않은 전통 사회를 비교해보면 어느 정도 답을 추론할 수 있지요.

여담입니다만, 엉덩이를 때리는 체벌은 결과가 어떻게 나왔습니까?

엉덩이를 때리지 않는 사회에서는 아이의 자존감이 높게 나타났습니다. 다만, 유목 사회에서는 자녀가 실수하는 바람에 소들이 목장에서 도망쳐버리면 한 가족의 생계가 위태로워집니다. 그런 사회에서는 엉덩이를 때리는 식의 강한 벌이 실수를 사전에 예방하는 효과를 갖습니다. 같은 체벌도 사회가 처한 환경에 따라 다른 가치와 의미를 지닙니다.

전통 사회에서 보여주는 지혜는 현대인에게도 상당히 많은 시사점을 주는 것 같네요.

모든 인간은 육아 등 동일한 문제에 직면하기 마련이니까, 그들의 방식을 관찰하다 보면 배울 점이 많습니다. 뉴기니 주민들의 육아 방식을 지인들에게 알려줬더니 지금까지 해오던 방식을 바꾼 이도 있습니다.

힐러리 클린턴이 쓴 『집 밖에서 더 잘 크는 아이들It takes a village』(디자인하우스)이라는 책이 있습니다. 그 제목은 "한 아이를 키우기 위해서는 온 마을이 필요하다It takes a village to raise a child."는 아프리카 속담에서 온 것입니다.

뉴기니에서는 주민 모두가 부모 역할을 합니다. 지인 중에 가족과 함께 뉴기니에 살다 온 미국인 선교사가 있는데, 뉴기니에서는 저녁이 되면 아이들이 놀던 집에서 식사하는 것이 일상적인 풍경이었답니다. 그러다가 미국에 돌아와 보니 그런 광경을 더는 보지 못한 것이지요. 뉴기니와 미국의 방식이 너무 달라서 자녀들이 충격을 받았다고 하더군요.

전쟁터보다 목욕탕이 더 위험하다

◇◇◇◇◇◇◇◇

일본에서도 옛날에는 이웃들이 부모 대신 아이들을 챙기곤 했는데, 지금은 그런 문화가 사라지는 추세입니다. 전통 사회의 풍습은 어째서 현대 사회에 녹아들지 못했을까요?

뉴기니의 전통 사회는 수십 명에서 수백 명에 불과한 소규모의 집단이니까 서로 모르는 사람이 없습니다. 한 집 건너 아는 얼굴이기 때문에 가족이 아닌 사람도 책임을 공유하는 것이지요.

재레드 다이아몬드

같은 논리를 역으로 적용하면, 뉴기니에서 모르는 사람은 위험 인물로 간주됩니다. 예를 들어 정글에서 낯선 사람과 마주쳤을 때 뉴기니 원주민들은 우선 상대가 누구인지 판단하기 위해 경계심을 늦추지 않고 2~3시간 대화를 나눕니다. 그러다 공통의 친척이 언급되면 더 이상 타인이 아니므로 경계심을 풉니다. 공통의 친척을 찾아내지 못하면 서로 죽이려 들거나 도망가지요.

위험에 직면한 경우, 대응 방식도 선진국과 뉴기니는 완전히 다르겠군요.

미국에서는 다리가 부러지면 병원에 가서 의사에게 보여주지만, 뉴기니에서는 죽을 때까지 다리를 절며 살아야 합니다. 도와줄 의사나 경찰이 없거든요. 그래서인지 제가 당시에 본 뉴기니원주민들은 지나치게 조심스러웠습니다. 환경을 고려하면 그들에게는 적절한 행동 반응이지요. 얼핏 아무렇지 않게 보이는 일상적인 일에도 그들은 우리보다 훨씬 신중하게 대처해야 하니까요. 단순한 편집증, 터무니없는 과민 반응으로 볼 것이 아니라 '건설적인 편집증constructive paranoia'이라고 해야 합니다.

캘리포니아에서는 신문 부고란을 보면 샤워실에서 미끄러져 사망한 사건이 종종 실립니다. 아무리 낮은 위험을 가진 일이라도 여러 차례 반복하면 위험이 발생할 확률이 높아집니다. 그 때문에 저는 샤워할 때도 조심하게 되었습니다. 건설적인 편집증이란 편집증에 가까울 정도로 신중해지는 것입니다. 그렇게 주의하지 않으면 일어날 확률이 거의 없는 재난이라도 언젠가 내게 닥칠지 모르니까요. 위험이라 하면 일반적으로 폭탄 테러나 비행기 추락 사고만 생각하는데, 오히려 일상적인 행동에 신중을 기해야 합니다.

국제적 붕괴를 피하기 위한 지혜

◇◇◇◇◇◇◇◇

세계 경제가 급속도로 통합되고 있습니다. 이런 상황에서 우리가 특히 주의해야 할 점은 무엇인가요?

각국 시장이 단일한 세계 경제로 통합되는 가운데 인류 역사상 최초로 '전 세계적 붕괴'가 발생할 가능성이 제기되고 있습니다. 오늘날은 각국의 경제가 서로 연결되어 있어서 한 나라의 경제가 무너지면 다른 나라 경제에 막대한 영향을 끼치거든요. 과거에는 한 사회가 붕괴하는 일이 일어나도, 대부분의 경우 서로 영향을 주고받지 않았습니다. 칠레 서쪽 남태평양에 위치한 이스터섬 문명이 붕괴했을 때 세계 어디서도 몰랐던 것처럼 말입니다. 지금은 소말리아나 아프가니스탄 같은 나라가 붕괴하면 다른 대륙에

재레드 다이아몬드

있는 다른 나라에까지 큰 영향을 미칩니다. 그만큼 각국은 정치적, 경제적으로 밀접하게 얽혀 있어요.

교수님은 『문명의 붕괴』에서 문명이 붕괴하는 요인 중 하나로 분쟁을 지적했습니다. 전통 사회에서 분쟁을 어떻게 해결하나요?

예를 들어 전통 사회에서 기르는 돼지가 행방불명되었다고 합시다. 그 돼지를 갖고 있는 사람을 발견하면 우선 사람을 보내 대화를 시도합니다. 죽을 때까지 상대해야 할 사람이므로 완전한 적으로 돌리지 않도록 가장 먼저 감정적인 면을 해소하기 위해 애씁니다. 전통 사회에서 분쟁을 해결하는 방법 중 경이로운 부분이 바로 이 지점입니다. 미국에서는 교통사고가 발생하면 우선 변호사와 보험회사에 연락하거든요. 타인인 상대와 만날 일은 없지요. 상대가 자신을 증오하든 말든 상관하지 않습니다.

감정 면에서 서구적인 방식은 옳지 않다는 말씀인가요?

미국에서 이혼이나 상속과 관련해 분쟁에 휘말리게 되면 사람들은 어김없이 변호사를 고용합니다. 당사자 간 감정적인 면을 해소할 틈이 없으니 이혼 후 둘의 관계는 상당히 악화되죠. 상속 분쟁 후 형제자매는 죽을 때까지 말을 걸지 않는 경우도 흔합니다.

경찰이나 재판 제도가 완벽하게 정비되어 있지 못한 전통 사회에서는 교섭이 결렬되면 당사자들은 자신의 뜻을 무력으로 관철시키려 할 것입니다. 그러다 보니 개인 간의 싸움이 공동체 전체의 분쟁으로 번지고 많은 사람들이 여기에 휘말려 다치거나 심지어는 죽을 수도 있죠. 그러니 상대가 아무리 골칫덩어리여도 완전한 적으로 만들어서는 안 됩니다.

교통사고가 일어난 경우도 마찬가지입니다. 캘리포니아만 봐도 사고가 일어나면 당사자들이 배상금을 둘러싸고 민사소송까지 가는 경우가 허다합니다. 그 안에서 선과 악이 가려지는 것과 별개로 당사자끼리는 죽을 때까지 서로를 원망합니다. 한편 누구든 서로 알고 지내는 전통 사회에서는 양자 간 이해를 최우선으로 합니다. 만에 하나 대화가 결렬되면 피해자 유족이 운전자를 죽이려고 하거나 그 친척을 공격하는 등 보복이 보복을 낳고 분쟁이 몇십 년이나 이어지는 최악의 상황이 초래되지요. 합의점 도출을 우선하는 습관은 그런 상황을 피하기 위한 지혜입니다.

인류 최대 과제는
지속 가능한 경제를 만드는 것

◇◇◇◇◇◇◇◇◇

50년 혹은 100년 후 세계는 어떤 모습일까요? 마지막으로 교

재레드 다이아몬드

수님이 그리는 '내일 이후의 세계'를 들려주십시오.

인류는 현재 지속 가능한 경제를 만들 수 있는가, 전 세계적으로 일정 수준의 생활이 평등하게 보장될 수 있는가 하는 문제에 직면했습니다. 앞에서도 말했지만, 우리는 환경을 파괴하고 자원을 엄청나게 소비하고 있습니다. 나라 간 소비 수준에 엄청난 격차가 있는데 이를 방치하는 한 세계는 불안정할 것입니다.

향후 30년 안에 이 난제에 답을 도출할 수 있을까요. 만일 성공하지 못한다면 50년 후, 100년 후 세계는 '살아갈 이유가 없는' 곳으로 변모한다 해도 과언이 아닐 것입니다.

3장

인공지능을
어떻게 통제할 것인가

"초지능에 도달하기 전에 기술적으로 통제하는 방법을 찾아내야 합니다. 인공지능의 사고를 인간의 가치나 의지에 부합하게 형성할 수 있는지 여부가 앞으로 중요한 열쇠가 될 것입니다."

닉 보스트롬Nick Bostrom

1973년 스웨덴에서 태어났다. 옥스퍼드 대학교 철학과 교수이자 인류 미래 연구소(Future of Humanity Institute) 창립 소장이다. 옥스퍼드 대학교와 스탠퍼드 대학교의 협업 기관인 전략적 인공지능 연구 센터(Strategic Artificial Intelligence Research Center) 센터장도 맡고 있다. 분석철학뿐 아니라 물리학, 계산신경과학, 수리논리학을 연구한다. 미국 《포린 폴리시(Foreign Policy)》 '세계의 지성 100인'에 두 번 뽑혔고, 영국 《프로스펙트(Prospect)》 '2014년 세계 사상가'에 전체 15위로 이름을 올렸다. 저서로는 『슈퍼인텔리전스』 등이 있다.

◇◇◇◇◇◇◇◇◇◇

인공지능이 눈부신 발전을 거듭하는 가운데 지금 세계적으로 주목을 받는 학자 중 한 사람이 바로 옥스퍼드 대학교의 젊은 천재 닉 보스트롬이다. 분석철학뿐 아니라 물리학, 계산 신경과학도 연구하는 그는, '인공지능은 어떤 경로와 형태로 인간의 지능을 넘어설 것인가?'라는 질문에 예상되는 시나리오를 면밀하고도 철저하게 분석해 『슈퍼인텔리전스』라는 책을 썼다. 이 책은 2014년 가을에 발행되자마자 눈 깜짝할 사이에 《뉴욕 타임스》 베스트셀러로 선정되었다.

슈퍼인텔리전스, 즉 초지능이란 인간의 일반 지능을 능가하는 인공지능을 말한다. 이제 인공지능이 인간 지능을 넘어서는 일은 없을 것이라며 고개만 빳빳이 들고 있을 수는 없다. 지금까지 학문의 범주에는 끼지 못했던 '인류의 실존적 위험'을 정면에서 다각적으로 연구하고 있는 보스트롬의 이야기에 귀를 기울이면 초지능의 등장은 현실적으로 충분히 일어날 수 있음을 깨닫게 된다.

인류의 운명은 초지능이 도래하면서 크게 바뀔 것이다. 보스트롬은 초지능이 탄생해도 안전하게 운용할 수만 있다면 모든 인간이 혜택을 누린다고 한다. 인공지능은 노동력을 책임지고 인류는 오락 문화에 심취할 수 있는 유토피아가 출현할 가능성이 있다는 것이다.

하지만 그날을 위해서는 무엇보다 인공지능을 인류가 원하는 방향으로 설계할 수 있어야 한다. 그렇다면 지금은 인류가 필연적으로 직면할지도 모를 최대의 문제, 바로 '인공지능을 어떻게 통제할 것인가'라는 문제에 관해 고민할 때다.

인공지능 연구에서 안전성 확보가 얼마나 중요한지는 보스트롬이 초지능의 출현 가능성을 주장함으로써 널리 인식되었다. 만약 모든 인간의 지적 능력을 결집한 것보다 더 뛰어난 초지능이 출현한다면 인류는 멸망하게 될까?

보스트롬이 인류의 실존적 위험에 대해 펼친 냉철하면서도 뜨거운 논설을 이번 장에 담았다.

닉 보스트롬

❖ ❖ ❖

왜 초지능인가

◇◇◇◇◇◇◇◇

인간 지능을 능가하는 초지능에 관해 언제부터 관심을 갖기 시작했습니까?

철이 들면서부터라고 해도 과언은 아닙니다. 미래에 초지능이 출현하면 분명 인류 역사상 최대 위기에 빠질 것이라는 상상을 해보았습니다. 1990년대 중반부터 초지능에 관해 고찰하다가 그것을 주제로 『슈퍼인텔리전스』를 집필하게 됐지요.

인공지능 연구 중에서 유독 무엇에 관심을 가지는지요?

기본적으로는 인공지능의 능력 전반에 관심이 있지만, 특히 주목하는 주제는 인공지능을 어떻게 안전하게 운용할지입니다. 대신해주었으면 하는 모든 행위를 인공지능에게 시키려면 인간의 가치관에 인공지능이 부합하게 만들어야 합니다. 우리는 그것을 가능하게 하는 알고리즘을 훨씬 깊이 이해하려고 연구 중입니다.

초지능은 언제, 어떤 모습으로 등장하는가

◇◇◇◇◇◇◇◇

교수님은 초지능이 출현하는 시기를 언제로 봅니까?

이 질문에 대한 답은 상당히 넓은 확률분포를 보여주는데요.(닉 보스트롬은 저서에서 인공지능 전문가들을 대상으로 실시한 설문조사 통계를 실었는데, 중간값 결과에 의하면 인간 수준의 기계 지능이 개발되는 시점은 2022년까지는 10퍼센트, 2040년까지는 50퍼센트, 2075년까지는 90퍼센트 가능성으로 나왔다. 또한 그 시점으로부터 인간 지능을 능가하는 초지능의 도래 시점은 2년 내 가능성이 10퍼센트, 30년 내 가능성이 75퍼센트로 나왔다.—옮긴이) 단언하기 어렵지만, 등장 예상 시기는 점점 앞당겨지고 있습니다. 특히 최근 수년간 딥 러닝^{Deep} Learning(심층 학습)*이 눈부시게 진보한 까닭에 초지능이 도래할

닉 보스트롬

시기는 당초 제 예상보다 상당히 빨라졌습니다.

초지능을 통제하는 문제에 관해 묻고 싶습니다. 인공지능이 일
단 초지능 수준에 도달하면 인류를 지배하게 될까요?

네, 그 정도로 아주 강력한 힘을 가질 것이라 예상합니다. 오늘
날 고릴라의 운명이 고릴라 스스로에게 달린 것이 아니라 인간에
게 달린 것처럼요. 우리가 그럴 수 있는 것은 우리에게 기술을 발
명하고 복잡한 조직을 형성하고 미래를 설계할 수 있는 더 높은
지능이 있기 때문입니다. 고릴라와 인간 간의 지능 차이가 비교
적 크지 않다는 점을 감안하면, 미래의 통치자는 인간 지능보다
수십, 수백 배 더 뛰어난 초지능이 되는 것이 당연하지요.

그러니 미래의 인공지능을 설계할 때 그 기질이 우리의 것과
딱 맞아떨어지도록 해야 합니다. 초지능의 사고를 인간의 가치나
의지에 부합하게 형성할 수 있는지 여부가 중요한 열쇠가 될 것
입니다.

＊ 컴퓨터 계산 기능이 향상되고 인터넷상에서의 방대한 데이터 집적이 가능해지면서 실용화한
기계 학습 중 하나로 인간 뇌 신경망 구조를 형상화한 알고리즘을 활용한다는 특징을 갖는다. 딥
러닝 기술을 통해 화상이나 음성 인식 등 인간이 행하는 일을 컴퓨터가 실행할 수 있도록 학습
시킬 수 있다.

열지 말아야 할 판도라의 상자는 아닐지

◇◇◇◇◇◇◇◇

초지능이 인류를 지배할지도 모른다는 위험과 공포가 존재하는데도 인류는 어째서 그곳에 도달하기 위해 과학기술을 발전시키고 있을까요?

인공지능 연구 과정에서 얻는 게 많기 때문입니다. 과학이나 의학뿐만 아니라 일상에서도 이 인공지능 기술이 쓰일 곳이 무궁무진하거든요. 예를 들어 특정 이메일을 휴지통으로 보내는 스팸 필터의 사용자들은 잘못해서 엉뚱한 이메일을 거르거나 하는 오류가 적기를 바랄 것입니다. 그러니 이메일을 휴지통에 넣어야 할지 말지를 사용자의 목적과 의도에 따라 정확하게 판단할 수 있는 뛰어난 분류 프로그램에 기계 지능 기술이 사용되겠죠. 또 자율주행 자동차의 경우 목적지에 정확하게 도착하는 것도 중요하지만 주행 중 충돌이 일어나지 않게 하는 것도 아주 중요합니다. 그러니 돌발 상황 등 여러 변수를 종합적으로 고려해 도로 위에서 계속 선택과 결정을 반복하는 자율주행 시스템에도 이 기계 지능 기술이 적용될 것입니다. 이렇게 인공지능은 좁은 분야, 작은 일을 해결하는 단계부터 차츰차츰 발전해나갈 것입니다.

하지만 인공지능 개발의 궁극적 목적은 특정 영역에 특화된 지능이 아닌(이것을 '약한 인공지능'이라고 한다.—옮긴이), 인간이 하는

닉 보스트롬

모든 일과 지적 과제를 수행하는 범용 인공지능('강한 인공지능'이라고도 한다.—옮긴이)을 만드는 것입니다. 막상 범용 인공지능이 개발되면 인간은 어떻게 될지 지금까지 진지하게 고려한 적은 없지만요.

범용 인공지능이 완성되면 인간은 게을러질지도 모르겠는데요.

글쎄요. 만일 범용 인공지능이 개발되고 그것을 완벽하게 통제할 수 있다면 모든 인간이 혜택을 누리겠죠. 인공지능이 평화적인 목적으로 쓰이고 사람들이 막대한 부를 누리며 모든 일이 자동으로 처리되는 세상은 누구에게나 완벽 그 자체일 것입니다.

단, 인공지능이 무엇이든 대신해주는 세상에서 인간은 무엇을 해야 할까요? 인간의 노동이나 노력이 더 이상 필요 없는 세상에서 우리의 역할은 무엇일까요? 삶의 의의나 목적은 이제 어디서 찾을 수 있을까요? 예를 들어 과거에는 삶의 의미가 가문의 명예를 드높이거나 사회에 공헌하고 높은 자리에 오르는 것이었다면, 미래에는 여가를 즐기며 작은 성취에서 기쁨을 느끼는 일이 더 바람직한 것으로 간주될지도 모릅니다.

미래를 대비하기 위해 지혜를 모으다

◇◇◇◇◇◇◇◇

인공지능은 인간 사회 전반을 바꾸는 잠재력이 있다는 말이군요.

단순히 사회만 바꾸는 것이 아닙니다. 인간을 유기 생명체로 보는 의학이나 생물학 등에서도 획기적 변화가 일어날 테지요. 인공지능이 기술적으로 성숙 단계에 도달하면 우리 눈앞에 포스트 휴먼post-human(인간과 기술 혹은 기계가 융합된 미래 인간상을 가리키는 말—옮긴이) 세계가 펼쳐질 수도 있습니다. 그때 가서 '인간이란 무엇인가?'라는 근원적인 문제와·마주하는 건 너무 늦습니다. 지금부터 인류가 진정 원하는 것에 대해 진지하게 고찰해야 합니다. 정말로 우리가 무엇을 원하는가, 행위 자체가 목적성을 잃었을 때 정말 하고 싶은 일은 무엇인가? 이런 질문들을 반드시 짚고 넘어가야 합니다.

한편 초지능에 도달하기 전에 기술적으로 통제하는 방법을 찾아내야 합니다. 철학적인 문제야 후손들에게 미룰 수 있어도, 기술적인 문제는 그럴 수 없습니다. 초기값이 돌이킬 수 없는 사태를 초래할 수 있기 때문입니다.

현재 소장으로 있는 옥스퍼드 대학교 산하의 인류 미래 연구소는 어떤 곳인가요?

닉 보스트롬

우리 연구소에는 컴퓨터 과학자, 수학자, 철학자, 엔지니어 등 분야별 전문가들이 20명 정도(2018년 2월 기준) 모여 있습니다. 여기서 인공지능이 우리의 미래를 파괴할 가능성은 얼마나 있는지, 과학기술이 어떤 식으로 인간의 본질을 바꿀지와 같은 질문을 탐구합니다. 또 구글, 딥마인드와 같은 기업들과 공동 연구를 실시하고 다수의 외부 연구자들과 협업 프로젝트를 진행하고 있습니다.

주로 다루는 연구 주제는 크게 두 가지입니다. 하나는 인공지능의 논리 구조나 학습 알고리즘과 같은 컴퓨터 과학기술 자체에 대한 것입니다. 다른 하나는 인공지능의 정치적, 사회적 의의를 고찰하는 것입니다.

학제 간 연구를 채택하고 있다는 점이 특징적이군요.

각 분야가 서로 보완해주니까요. 우리가 어느 방향으로 나아가야 하는지 거시적으로 전망하려면 하나의 변수에 집중하기보다 변수 간 상호작용을 꿰뚫어 볼 수 있어야 합니다.

살아남을 것인가, 멸종할 것인가

◇◇◇◇◇◇◇◇◇

책에서 언급한 '우주의 무한한 자산cosmic endowment'이란 무엇입니까?

  우주의 무한한 자산이란 광활한 우주에 흩어져 존재하는 자원의 총량을 말합니다. 우리 은하만 봐도 수억 개의 별과 수십만 개의 성운이 있습니다. 미래에 기술이 더 발전하면 이 막대한 양의 물질이나 에너지를 인류가 이용할 수 있을지도 모릅니다. 앞으로 우리의 과학기술은 물리법칙과 이론적 전망에 힘입어 더 증대될 테니까요. 그때 이용할 방대한 자원에 비하면 지금 지구 자원은 빵 부스러기에 불과하죠.

  만일 우리가 섣부른 판단 때문에 지구를 파괴한 경우 현재 보유 중인 자원은 물론 우주의 무한한 자산이라는 가능성까지 잃어버리게 됩니다. 인류의 실존적 위험, 즉 멸종 여부와 밀접하다는 뜻이지요.

  인류 멸종이라니 끔찍한데요. 예상되는 시나리오는 어떤 것들이 있습니까?

  하나는 자연재해에 따른 멸종 위험입니다. 지진, 태풍, 화산 폭발, 포식자 출현, 운석의 충돌 가능성 등 이 모든 재난을 인류는 수십만 년 동안 극복하고 살아남았습니다. 그것을 100년이라는 시간 단위로 계산해보면 자연재해로 인한 멸종 위험은 상당히 낮다는 걸 알 수 있습니다. 직관적으로 설명하면 자연재해가 과거 수십만 년간 인류를 멸종시키는 데 실패했는데 앞으로 한 세기 만에 그것을 성공시킬 가능성은 희박하겠죠.

한편 우리는 혁신이라는 이름으로 과학기술을 급속도로 발전시켜왔고 그 결과 자연재해와는 완전히 다른, 새로운 가능성이 열렸습니다. 앞서 말한 100년이라는 시간 단위를 여기서 적용해보면 불과 100년 사이에 핵무기, 생물무기, 인공지능 등의 과학기술이 인간 문명을 완전히 새로운 국면으로 이끌었음을 알 수 있습니다. 고로 이번 세기에 인류가 멸망한다면 그것은 자연재해 때문이 아니라 인간 활동에 의한 것일 확률이 훨씬 큽니다.

인류의 실존적 위험이라는 주제는 놀랍게도 그간 학계에서 심각하게 다뤄진 바가 거의 없습니다. 심지어 쇠똥구리마저 연구 주제가 되는 마당에, 정작 인류의 미래는 배제되어왔지요. 동료들과 협력해서 그런 풍토를 바꾸려고 합니다. 그것이 우리 연구소에서 분야 횡단적인 연구를 계속하는 이유 중 하나입니다.

인류 멸종 시나리오는 구체적으로 몇 가지나 있나요?

얼마나 세분화해서 생각하느냐에 따라 다르지요. 복수의 과학 기술에서 예상되는 멸종 시나리오를 하나하나 그려볼 수도 있고, 전술한 바와 같이 자연재해가 멸종을 야기하는 경우와 인간이 자멸하는 경우로 크게 나눠서 생각해볼 수도 있습니다.

인간 자신이 멸종의 원인이 되는 경우에는 분쟁이나 전쟁이 전 지구적 파괴를 일으킬 가능성도 생각해볼 수 있습니다. 그런 파괴력을 가진 인간 무기는 수많은 종류가 있습니다. 또 생물무기를 이용한 바이오테러Bio-terror가 멸종을 일으키는 시발점이 될 수도 있겠지요. 이런 모든 위험 변수를 어떻게 분류하는가에 따라 두 가지라고 할 수도 있고 천 가지라고 할 수도 있습니다.

인류 멸종을 초래하는 위험 요소 중 핵전쟁은 어떻게 보십니까?

핵전쟁이 발발한다고 해서 꼭 인류가 멸종되는 건 아니지만 그럴 가능성이 끊임없이 제기되었죠. 『코스모스』(사이언스북스)로 유명한 미국의 천문학자 칼 세이건Carl Sagan은 핵전쟁이 발발하면 그로 인한 방사성 낙진 등이 대기권에 머물며 태양광을 차단해 기후가 빙하기로 바뀌고 대량 멸종이 발생한다는 '핵겨울nuclear winter' 개념을 창안했습니다. 물론 그런 가능성은 어느 정도 존재하겠으나, 지금껏 전 지구 규모의 핵전쟁이 일어난 적은 없으니 실제 결과는 아무도 모르지요. 지금 우리는 상상조차 못 하는 더욱 강력한 무기가 인류를 파멸로 이끌지도 모르고요.

인류의 실존적 위험에 인공지능도 영향을 미칠까요?

인공지능이 그 위험을 증대시킬지도 모르고 감소시킬지도 모르죠. 우리 스스로가 무엇을 하고 있는지 충분히 인식하면서 인공지능을 개발한다면 좋은 결과가 나올 테지만, 반대의 결과도 나올 수 있습니다.

돌이킬 수 없는 결과를 피하려면

◇◇◇◇◇◇◇◇

모든 과학기술은 양날의 검입니다. 만약 혜택이 폐해보다 많다 해도 그 폐해가 크나큰 위험을 초래할 수 있다면 과학기술 개발을 멈추거나 늦춰야 하는 것 아닌가요?

그렇게 생각하지는 않습니다. 먼저 특정 과학기술의 혜택과 폐해는 그때그때 상황에 따라 다르게 평가될 것입니다. 물론 그런 판단이 비교적 명확한 경우도 있죠. 예방접종은 대부분의 사회에서 좋은 기술이라는 인식이 깔려 있고, 화학무기는 잘못될 위험이 아주 높은 기술로 간주하고 걱정하는 경우처럼 말입니다.
그러니 개발 여부에 대한 문제보다 개발 속도와 타이밍을 고민하는 것이 현실적으로 바람직하며 아주 중요합니다. 예를 들어 가공할 파괴력을 지닌 과학기술 X와 그런 위험을 상쇄시켜주는 과학기술 Y가 있다고 한다면, X와 Y 중 어느 쪽이 먼저 개발되느냐에 따라 통제 가능성과 범위가 완전히 달라지거든요.

　가까운 혹은 먼 미래에 의도하지 않은 결과가 나온다면 어떻게 해야 할까요? 그때는 이미 손을 쓸 수 없는 상황일 수도 있습니다.

　그래서 우리가 진행하려는 몇 가지 연구 중에 '인공지능의 윤리관 정합성AI alignment Technology'이라는 분야가 있습니다. 쉽게 말하면 인공지능을 인류의 보편적 가치, 윤리에 부합하게 만드는 방안을 연구하는 것인데요. 인공지능이 우리가 원하는 바, 의도하는 바를 정확하고 확실하게 이행하는 방향으로 이끌기 위한 기초 연구라고 보면 되겠네요.
　또한 인공지능 개발에 이상적인 환경을 고민해서 실현하는 방법도 있습니다. 인공지능이 특정 국가나 기업의 이익을 위해서만 작동하는 것이 아니라 전 인류에게 혜택을 주기 위해서는 어떤 제도와 구조가 필요한지 등을 고민하는 것입니다.

　일단 개발되어 이용되기 시작하면 이전의 사회로 돌아가기란 불가능한 과학기술도 있습니다.

　그렇습니다. 인공지능은 실로 비가역적인 과학기술이므로 초기 설정이 아주 중요합니다.

　　　　　　　　　　　　　　　　　　닉 보스트롬

유전자 조작 인간이 만들어지는 시대

◇◇◇◇◇◇◇◇◇

같은 맥락에서 최근 논란이 되고 있는 유전체^{genome}(게놈) 편집 기술에 대해 묻고 싶습니다.

유전자 변형에 의한 인간 능력 증강은 당장에도 실현될 수 있는 일입니다. 우선 사람들이 원하는 유전자를 가진 수정란을 선택할 수 있습니다. 체외수정을 통해 여러 수정란을 만든 뒤 유전자 검사를 거쳐 어느 것을 착상시킬지 결정하는 거죠.

또는 배양접시 안에서 정자와 난자를 수정시키는 방법도 있습니다. 피부조직 등에서 채취한 줄기세포로 인공 정자와 인공 난자를 만듭니다. 이 과정을 반년 동안 반복하면 순식간에 열 세대를 거쳐 질 높은 인간이 만들어질 수도 있겠지요. 그렇게 하면 인류 역사상 가장 높은 지적 생명체가 탄생할지도 모릅니다.

물론 이런 일들은 세상에 미칠 어마어마한 파장 때문에 섣불리 진행되지 못할 것입니다. 만에 하나 우월한 인간을 만들어내는 유전자 조작이 현재 대규모로 시행된다 하더라도 그들이 성인이 될 때까지 20년은 족히 걸립니다. 그러니 실제로 그 기술들이 세상에 영향을 미치려면 상당한 시간이 지나야 합니다. 아마 21세기 후반에나 가능하지 않을까요?

인공 정자와 인공 난자가 만들어지면 기존의 '세대' 개념은 무너지겠군요.

어떤 의미에서는 그렇지요. 단기간에 여러 세대의 난자와 정자를 조합할 수 있으니까요. 나중에는 유전자 조작이 아니라 유전체 전체를 조작할 정도로 생명공학 기술이 발전할 수도 있습니다. 만약 유전체를 마음대로 설계해 만들 수 있다면 굳이 여러 개의 수정란을 확보해 그중에서 선택할 필요가 없어집니다. 다만 유전체 전체를 조작하는 일은 너무도 많은 변수가 개입되어 있기 때문에 기술적으로 실현 가능한 수준에 도달할 수 있을지는 아직까지 미지수입니다.

지금은 크리스퍼 카스나인CRISPR-Cas9이라는 유전자 가위 기술 (유전자를 자르고 붙이는 편집 기술—옮긴이)이 존재하지만 의도하지 않은 부분을 절단하는 오프타깃off-the target 효과가 존재한다는 사실 또한 간과할 수 없습니다. 지금의 생명공학 기술로는 유전자 몇 개를 바꾸는 것이 가능할 뿐, 유전체 전체를 자유자재로 설계, 편집, 제작할 수는 없는데요. 하지만 가까운 미래에는 가능할지도 모르죠.

그즈음 인공지능 기술은 또 얼마나 진보할지 상상조차 안 되네요.

닉 보스트롬

인간이 인공지능에 대항하려고 스스로 지적 능력을 향상시키면 오히려 인공지능에게 추월당하는 속도가 빨라진다는 딜레마가 있습니다. 우리가 똑똑해질수록 우리보다 더욱 똑똑한 인공지능을 만들어내기가 쉬워지니까요.

그래서 유전자 조작이든 뭐든 인간의 지적 능력을 증강하는 일에 대해서 찬반양론이 존재하는 것입니다. 입력한 명령에 따라 자동으로 일을 처리하는 1세대 인공지능 단계까지는 인간이 확실히 우위를 점한다고 볼 수 있으나 우리가 영원히 인공지능보다 앞서 있을 수는 없겠죠.

인공지능의 안전성을 확보할 방법을 찾아야 한다

◇◇◇◇◇◇◇◇

인공지능 개발과 연구 방향에 대해 많은 사람들이 불안해하고 있습니다. 위험의 여지가 있는 만큼 연구 개발을 멈춰야 할까요?

인공지능을 개발하는 사람들이 있듯, 어떻게 안전을 담보할지 연구하는 사람들도 있습니다. 양자는 한 팀에 같이 존재해야 합니다. 같은 인물이면 금상첨화고요.

인공지능을 개발하는 사람들에게 인류 전체의 공익에 부합하도록 길을 제시하면 다 같이 득을 보는 시나리오가 실현될 수 있습니다. 인공지능 분야를 선점하기 위해 서로 치열하게 경쟁하다가도 개발 최종 단계에서 경쟁이 완화되면 좋겠죠. 예를 들어 인공지능 개발팀 50개가 서로 경쟁 중이라면 안정성 면에서는 최악이라고 볼 수 있습니다. 개발 중인 인공지능 시스템의 안정성을 검증하는 사이 다른 팀이 추월하면 안 되기 때문에 다들 눈앞의 기회를 잡는 데만 급급할 테니까요. 누가 개발하든 마지막 반년 혹은 1년 정도는 전반적인 안정성을 검토하는 룰이 마련되면 좋겠죠. 그런 팀이 최종적으로 성공했을 때야 비로소 모두 함께 이익을 볼 수 있다는 확신을 가진다면 불가능한 일도 아닙니다.

인공지능 분야에서 특허는 어떤 역할을 한다고 보십니까?

앞서 과도한 경쟁이 자칫 안정성을 등한시하는 결과를 초래할 수 있다고 했는데요. 경쟁의 치열함을 완화시키는 요소로는 자원이나 능력의 차이, 운 등이 있지만 정부에서 마련하는 제도적 장치 중에서는 특허가 그 기능을 수행합니다.

대부분의 경우 개발 시기는 분산됩니다. 20개의 팀이 하루 차이로 같은 신기술을 개발하는 일은 거의 없으며 수개월이나 수년이라는 시차가 생긴다는 말입니다. 특허 제도는 그 시차를 더 늘릴 수 있습니다. 그렇다면 안정성을 검증할 여유도 생기겠지요.

닉 보스트롬

다만 특허로 인해 신기술의 긍정적 효과를 다른 사람들이 제때 누리지 못하는 문제에 대해서는 지속적인 고민이 필요합니다.

인공지능을 남 몰래 은밀히 진행해서 가로채는, 소위 '먹튀' 가능성은 어떻게 보십니까?

인공지능은 원래 개방적인 연구 분야인 데다, 최근에는 인공지능 연구자와 개발자 사이에 신뢰와 투명성을 높이기 위해 더욱 노력하고 있는 추세입니다.(구글, 아마존, 페이스북 같은 IT 대기업들은 인공지능 기술을 공개하고 외부 개발자들의 참여를 독려하고 있다.―옮긴이) 그간 애플만 좀 예외적인 행보를 보였는데요. 수년 전까지만 해도 애플은 경쟁사를 의식해 철통 보안 속에서 인공지능을 개발해왔습니다. 애플의 소속 연구자는 자신의 연구 성과를 논문에 개제하는 일조차 제재를 받을 정도였죠. 다행히 지금은 회사 방침이 바뀌어 기술 공개 쪽으로 나가고 있습니다. 기업이 미래에 인공지능이 더욱 중요해질 것이라고 인식한다면 협력, 신뢰, 투명성의 문화가 더 확산될 것입니다.

4장

◇◇◇◇◇◇◇◇◇

100세 시대는
삶을 어떻게 바꾸는가

"지금까지 삶에서는 교육 - 일 - 은퇴라는 3단계만 존재했습니다. 그리고 누구나 이 3단계를 거쳤기에 개인은 단계별 변화를 의식할 필요조차 없었습니다. 그러나 다단계의 삶에서는 변화의 방향과 정도, 시기를 스스로 조절해 결정해야 합니다. 그때마다 나는 무엇이 되고 싶은가에 대해 고민하고 선택해야겠죠."

린다 그래튼 Lynda Gratton

런던 경영대학원(런던비즈니스스쿨) 교수이자 인재론, 조직론의 세계적 권위자이다. 2011년에는 경영학계의 오스카상이라 불리는 '싱커스 50(Thinkers 50)'에 12위로 선정되었고, 이후로도 3번 더 이름이 올랐다. 전 세계적 기업 경영자들이 참여하는 '일의 미래에 관한 컨소시엄(The Future of Work Research Consortium)'을 주최했으며, 싱가포르의 인적자원 전략 자문을 맡기도 했다. 저서 중 『일의 미래』(생각연구소)는 2013년 일본 비즈니스북 대상을 받았고, 『100세 인생』은 2017년 일본 비즈니스북 그랑프리 종합 1위에 올랐다. 그 외 『핫스팟』(21세기북스), 『글로우』(국내 미출간) 등의 책들이 20개국 이상에 번역 출판되었다.

◇◇◇◇◇◇◇◇◇◇◇

일본의 아베 신조 정권은 핵심 사업인 '인재 양성 혁명人づくり革命' 의 일환으로 2017년 가을 '인생 100년 시대 구상 회의'라는 전문 가 심의회를 개최, 린다 그래튼을 전문위원으로 기용했다. 같은 학 교 경제학 교수 앤드루 스콧Andrew Scott과 공동으로 집필한 『100세 인생』이 계기였다. 인생이 100세까지 이어진다면 기존 삶의 방식 이 통용되지 않을 것은 당연하지만, 그렇다고 어떻게 살아야 좋 은지 답을 제시하는 이도 없었던 차에 새로운 인생 전략을 다양 한 관점으로 제안하는 이 책은 출간 즉시 전 세계인의 사랑을 받 았다.

그래튼 교수는 다가올 장수 사회에서는 교육-일-은퇴라는 3단 계 모델이 막을 내리고 삶은 다단계로 펼쳐질 거라고 예측한다.

특히 100세 시대에는 나이와 상관없이 적절한 시점에서 이뤄지는 재충전과 재교육이 중요하다고 말한다.

오늘날 일본인의 평균수명은 세계에서 가장 길다. 그래튼 교수가 보여주는 인생 전략은 이미 장수 사회를 맞이한 일본인의 삶에 완벽하게 들어맞는 것처럼 보인다. 그녀의 주장을 반박할 여지는 거의 없다.

그런데도 정년제를 비롯한 노동시장의 구조나 현재 일본 기업의 근로 문화는 미국과 유럽의 여러 나라들에 비해 상당히 경직되어 있다. 그렇기 때문에 그래튼 교수가 주장하듯 변화할 수 있는 능력을 갖춘 사람과 그렇지 못한 사람의 미래는 크게 달라질 것이다.

특히 앞으로 인공지능이 급속도로 발전하면서 일하는 방식이 바뀔 것이다. '근무 방식 개혁'이라 거창하게 떠벌이면서도 현실적으로는 바뀔 기미를 보이지 않는 일본 기업에 대해서도 그래튼 교수는 당연히 비판적이다. 남성 홀로 장시간 노동하면서 가정의 생계를 책임지는 전통적인 모델은 100세 시대에 존속하기 어려워 보인다.

지금까지 이어져온 전형적인 교육-일-은퇴라는 3단계 삶의 관점으로는 100세 시대를 행복하게 살기 어렵다. 또 기업이나 국가가 함께 규범과 제도를 바꾸지 않으면 아무리 개인 차원에서 노력하더라도 변화는 제한적으로 이뤄질 수밖에 없다.

인재론, 조직론 분야의 세계적 권위자 그래튼 교수의 뼈아픈 충고를 전한다.

린다 그래튼

❖❖❖

100세 시대에 맞는 새로운 삶의 방식이 필요하다

◇◇◇◇◇◇◇◇◇

교수님은 『100세 인생』에서 2007년에 선진국에서 태어난 아기의 절반이 100세까지 산다는 연구 결과를 인용하며 100세 시대에 맞는 새로운 삶의 방식을 제안했습니다. 그 핵심을 짧게 요약해주시면요?

2015년 책을 집필할 당시를 회상하며 중요한 메시지가 무엇이었는지 자문해보니 두 가지가 떠오르네요. 하나는 3단계의 삶이 끝났다는 것입니다. 인생을 교육-일-은퇴라는 3단계로 설계하는 기존의 발상은 이제 시대에 맞지 않습니다. 풀타임 근무나 정년퇴직이라는 개념 자체가 사라지고 사람들은 더욱 세분화된 인생 단계에 따라 나이에 구애받지 않고 살게 될 거예요.

둘째는 유형 자산과 무형 자산이라는 두 가지 자산입니다. 3단계 삶에 비해 미디어에서 덜 소개되었지만, 상당히 중요한 이슈입니다. 앞으로 주택, 현금, 예금 같은 유형 자산보다는 건강, 동료애, 변화에의 대응력과 같은 무형 자산이 훨씬 중요해질 거라고 생각합니다.

평균수명이 짧았던 시대에는 은퇴 후를 대비해 금융 자산을 축적하는 게 합리적이었습니다. 그러나 수명이 늘어나면 재산을 모으기보다, 지금보다 오래 일하기 위한 자산을 축적해두어야 합니다. 그 자산이란 바로 생산 자산, 활력 자산, 변형 자산으로 구성되는 무형 자산입니다.

『100세 인생』은 9개 언어로 번역되었고 덕분에 여러 나라 독자들과 소통할 수 있었는데 거의 대부분이 이 둘을 언급하더군요. 이 책이 출간된 후에 거의 매일 독자 편지를 받고 있는데요. 편지에 "덕분에 저의 가치관이 완전히 바뀌었어요."라고 적혀 있는 것을 보면 정말 감사해요. 제가 책을 쓴 이유도 바로 교육-일-은퇴라는 고정관념에서 탈피해 인생을 진정 충실하게 살려면 어찌해야 좋은가를 이야기하고 싶었기 때문이거든요.

린다 그래튼

변화에 대처하는 방식에서 우열이 갈린다

◇◇◇◇◇◇◇◇◇

무형 자산 중 변형 자산에 대해 여쭙겠습니다. 인간 본성상 끊임없이 변하고 적응해야 하는 세상은 상당히 피곤하게 느껴집니다. 앞으로는 변화할 수 있는 사람과 하지 못하는 사람 간에 격차가 점점 벌어질까요?

네, 그럴 것 같아요. 당연히 우리는 불확실성의 시대에 위험 부담을 줄이고 성공 가능성을 높이기 위해 늘 변화할 수 있도록 준비하고 있어야 합니다.

지금까지 삶에서는 교육-일-은퇴라는 3단계만 존재했습니다. 그리고 누구나 이 3단계를 거쳤기에 개인은 단계별 변화를 의식할 필요조차 없었습니다. 그러나 다단계의 삶에서는 변화의 방향과 정도, 시기를 스스로 조절해 결정해야 합니다. 그때마다 나는 무엇이 되고 싶은가에 대해 고민하고 선택해야겠죠.

그래서 저는 무형 자산의 큰 줄기 중 하나로 평생 자신을 변화시킬 수 있는 능력, 즉 변형 자산을 꼽았습니다. 구체적으로는 자신에 대한 깊은 이해나 변화를 돕는 다양한 네트워크가 변형 자산에 해당합니다. 앞으로는 변화할 수 있다는 것 자체가 자산이 될 거예요.

중요한 것은 여가 시간을 오락recreation이 아니라 재창조re-creation

에 투자해야 한다는 점입니다. 여가는 은퇴 후가 아니라 삶의 모든 단계에 촘촘하게 박혀 있습니다. 그 시간을 학습하는 시간으로 활용해야 합니다.

배움에도 단기, 중기, 장기 계획이 필요하다

◇◇◇◇◇◇◇◇

그렇다고 해도 기존에 하던 일을 유지하면서 새로운 일을 배우거나 하는 건 상당히 어렵습니다. 100세 시대에는, 예를 들어 사표를 낸 후 새로운 기술을 집중적으로 습득하는 시기 같은 게 필요할까요?

배우는 내용에 따라 세 가지 시간 축을 구분해 사용해야 합니다. 마침 학습법에 관한 책을 집필 중인데요. 5분 자투리 시간에 배울 것, 주말을 이용해 배울 것, 2~3개월 동안의 장기 휴가에서 배울 것을 시간 단위마다 정리해 계획을 세워야 한다고 생각합니다.

물론 모든 기업의 모든 근로자가 자유롭게 장기 휴가를 쓸 수 있는 건 아니므로 때에 따라서는 현 직장을 그만두어야 할지도 모르지요. 어떤 경우든 인생의 마지막 단계가 아니라 중반에 그런 시기를 넣어야 한다는 점이 중요합니다.

많은 사람이 퇴사를 망설이는 이유는 한 번 그만두면 돌아가지

린다 그래튼

못할 것이라는 오해 때문입니다. 그러나 실제로는 한 번 그만둔 사람의 복귀를 인정해주는 기업도 늘고 있어요. 특히 딜로이트토마츠DTC나 프라이스워터하우스쿠퍼스PWC 같은 컨설팅 기업에서 두드러지지요. 앞으로 이런 경향은 시대의 요청에 부응해 보다 강해질 것입니다.

또한 여성의 경우 출산 및 육아 휴직을 얻었다가 복귀하기도 합니다. 이런 휴직 제도는 남성에게 훨씬 제한적으로 적용되긴 하지만요.

100세 시대에 맞벌이는 선택이 아닌 필수

◇◇◇◇◇◇◇◇◇

가족을 부양해야 해서 일을 그만두지 못하는 사람도 많을 텐데요. 그에 대해서는 어떻게 생각하는지요?

이상적인 삶의 방식은 부부가 둘 다 일을 하는 맞벌이입니다. 그러면 한쪽이 버는 돈으로 생계를 유지하면서 다른 쪽이 다음 단계를 향해 재창조에 전념할 수 있잖아요. 둘 다 일이 있어야 다단계 삶을 보다 유연하게 운용할 수 있습니다.

일본은 선진국 중 여성의 경제 참여율이 낮은 편에 속합니다. 이것은 남성과 여성 모두에게 좋지 않습니다. 남성의 경우 홀로 가족을 부양해야 한다는 강한 압박에 시달릴 거예요. 저는 줄곧 싱글맘이었다가 얼마 전 재혼해 겨우 싱글맘에서 해방되었는데요. 수입원이 두 사람으로 늘어나니 금방 정신적 안정을 되찾더라고요. 개인적으로는 '이 집에서 유일한 수입원은 나 혼자'인 상황에 다시 처하고 싶지는 않네요.

여성의 경우 경제 활동에서 소외된 것에 대해 좌절감을 느낄 겁니다. 개인적으로는 집에서 쉬거나 집안일을 챙기는 것보다 이렇게 인터뷰도 하면서 제 일을 하는 것이 훨씬 즐겁거든요. 하지만 일본에서는 많은 여성들이 자기 일을 할 기회를 박탈당하고 있습니다. 이로 인해 자존감이 떨어져 우울해하지요. 그러니 가족 분위기가 좋을 수 없고 남성은 퇴근 후 귀가하길 꺼려하니 당연 결혼생활이 행복할 리 없고요. 이렇게 남성은 장시간 노동에 지쳐 있고 여성은 좌절감에 휩싸인 불행한 가정이 일본에서 속출하고 있습니다.

혼인율이나 출산율이 낮아지는 이유도 결혼이 썩 좋은 거래가 아니라고 생각하기 때문 아닐까요. '가족 전체가 100세가 될 때까지 나 혼자 꾸려가야 한다.'는 부담 때문에 남성들이 결혼을 꺼리게 되는 거죠. 여성이 일하지 않음으로 가장 큰 손해를 보는 사람은 여성이 아니라 남성입니다.

린다 그래튼

도시 편중 현상은 더 심해질 것이다

◇◇◇◇◇◇◇◇◇

100세 시대를 살기 위해 필요한 세 가지 무형 자산 중 생산 자산에 관해 들어보겠습니다. 생산 자산은 지식과 기술, 동료애, 평판 등인데요. 이것들이 왜 중요한가요?

생산 자산이란 생산성을 높여 일을 성공하는 데 도움을 주는 자산입니다. 생산성을 높이기 위해서는 나를 이끌어주는 사람, 깊은 대화를 나눌 수 있는 사람과 관계를 형성할 필요가 있습니다. 인간관계는 무형 자산 중에서 가장 중요한 요소입니다. 사회학 분야에서는 사회자본이라 불리지요. 흔히 인맥이 인맥을 부르고 기술이 기술을 낳는다고 하죠. 사회자본을 가진 사람은 그런 식으로 인생의 새로운 단계를 개척해나갈 수 있지요. 이건 옛날과 다르지 않습니다.

또 사회자본의 많고 적음이 건강 상태를 좌우한다는 것도 전부터 알려져 있었습니다. 활력 자산(육체적, 정신적 건강이나 행복한 상태를 유지하는 것)에도 해당하는 이야기인데, 원만한 인간관계를 유지하는 사람은 건강하게 지낼 수 있습니다. 일본인의 수명이 긴 이유 중 하나도 공동체 안에서 두터운 우정을 쌓으며 친밀하게 교류하고 있기 때문입니다. 일본 장수 노인들은 세계적 수준의 공동체 안에서 살고 있습니다. 변형 자산에도 인간관계가 영향을 미칩니다. 다양성이 존재하는 네트워크를 구축하거나 다른 부류의 친구를 사귀면 삶에 새로운 변화를 창출할 수 있습니다.

새로운 사람과의 만남을 위해서는 도시에 사는 편이 유리해 보이는데요. 그렇게 되면 앞으로 인구의 도시 편중 현상이 더욱 심해지지 않을까요?

맞아요. 현대 사회의 다양한 변화 중 주목해야 할 게 대도시의 발흥입니다. 일본에도 세계 최대 도시인 도쿄가 있지만, 도시에 정착하려는 일본인은 앞으로도 계속 늘어날 것입니다.

물론 도시에서의 삶이 좋기만 한 건 아닙니다. MBA 학생들에게 앞으로의 인생에 관해 에세이를 쓰게 하면 대부분 대도시에서의 삶을 동경하지만, 그곳에서 소속감을 느낄 수 있을지 걱정스럽다는 속내를 비칩니다. 결국 대도시에 생활하기 위해서는 부모나 가족과 떨어져 지내야 하니까요. 낯선 곳에서 홀로서는 과정은 상당히 큰 스트레스를 유발할 테니 고민을 하는 거죠.

하지만 인생을 개척할 때 어느 정도의 스트레스는 감수해야 합니다. 현실적으로 도시에 살면 유리한 점이 많긴 하지요. 네트워크를 구축하는 데 좋은 것은 물론이고, 어느 나라든 시골보다는 도시에 고소득 일자리가 많이 몰려 있는 경향이 있습니다. 지난주에 머물렀던 콩고의 수도 브라자빌Brazzaville도 인구 과밀 현상이

심하더군요.

도시 편중 현상은 향후에도 가속될 것입니다. 사람들이 도시로 이주하는 걸 막을 수는 없습니다. 어떤 사건을 계기로 사람들이 다시 시골로 돌아가는 역트렌드가 발생할 수도 있겠지만 아직까지 그렇다고 결론 내릴 만한 증거 자료는 없습니다.

기업이 먼저 근무 방식 개선에 나서야 한다

◇◇◇◇◇◇◇◇

다음으로 활력 자산에 관해 묻겠습니다. 두말할 필요 없이 건강은 커다란 자산이지만 일본에서는 많은 사람들이 과도한 업무 때문에 운동할 시간조차 챙기지 못하는 경우가 대부분입니다. 어떤 이는 과로에 시달리다 평생 건강을 잃거나 심지어 자살까지 합니다. 이런 현상을 어떻게 보십니까?

다른 나라의 사정을 이야기할 때는 특히 신중해야 하는데요. 관찰자 입장에서 말하자면 일본의 전후 국가 재건에 기업 활동이 아주 중요했다고 생각합니다. 일본에는 세계적으로 우수한 기업이 여럿 있습니다. 그곳 근로자들이 오랜 시간 열심히 일한 덕에 경제는 급속도로 성장했지요.

문제는 긴 노동 시간이 경쟁력을 담보해주던 시대가 끝났는데도 초과 근무를 강요하는 문화가 여전하다는 것입니다. 과학기술 덕분에 그렇게 할 필요가 없어졌는데 말입니다. 이런 상황에서 근로자들이 고통받지 않을 수 없죠.

일본의 근로 문화, 그리고 여성 근로자에 대한 대우는 미국이나 유럽에 비해 가혹해 보입니다. 일본 정부 공무원이나 기업 경영자들도 이 문제를 인식하고 있고 해결하려는 의지도 보여주기는 합니다. 일본에 갔을 때 몇몇 기업 경영자들과 의견을 나눠봤는데, 모두 근로 문화나 여성의 경제 참여율에 대해 문제의식을 갖고 있었습니다. 하지만 장시간 초과 노동 문제나 여성 근로자 문제는 깊이 뿌리박고 있어서 근본적인 해결이 어려워 보입니다. 당연히 장시간 노동으로 건강이 나빠지면 노동자뿐 아니라 회사 전체에도 손해입니다. 피곤해서 짜증만 나니 창의력을 발휘하거나 혁신을 일으키기 힘들거든요.

해결 방법이 있을까요?

기업 경영자의 책임감이 중요합니다. 기업 내 변화는 대부분 위에서부터 시작합니다. 장시간 초과 노동 문제를 없애고 싶다면 우선 경영자 자신이 업무량과 근로시간을 조절해 앞으로 개선하겠다는 의지를 사원들에게 보여주어야 합니다.

얼마 전 일본의 한 기업을 방문했는데, 저녁에 사원들이 모여

린다 그래튼

회식하는 관행이 있더군요. 기업 내 동료애를 돈독하게 만드는 활동의 일환으로 생각할 수도 있겠지만, 한편으로는 제시간에 가족의 품으로 돌아가지 못한다는 뜻이기도 합니다. 자녀가 있는 여성에게는 물론 남성에게도 좋지 않죠. 이런 회식 문화도 기업 경영자들이 앞장서서 근절해야 한다고 생각합니다.

오히려 외국인 경영자를 고용하는 게 일본 기업 문화를 바꾸는 데 도움이 될까요?

대표적으로 닛산 자동차 회사에서 카를로스 곤Carlos Ghosn 전 대표를 기용해 혁신을 성공한 사례가 있지만, 외국인 경영자가 항상 특효약인 건 아닙니다. 꼭 그럴 목적이 아니더라도 중역 자리에 비非일본인을 대거 등용할 필요는 있긴 합니다. 많은 일본 기업이 세계 기업으로 바뀌고 있으니 일본인 외에도 유능한 외국인 직원이 최고 자리에 오를 수 있다는 희망을 주어야 합니다.

꼭 일본에 국한해서 하는 말은 아닙니다. 만일 통신 장비 제조사인 핀란드의 노키아에서 제게 조언을 구한다면, 경영자 자리에는 국적을 따지지 말아야 한다고 말할 것입니다. 프랑스 식품 회사인 다논에게도 마찬가지로 말하겠지요. 경쟁 상대와 시장을 깊이 이해하고 있는 사람을 리더 자리에 올려야지, 국적을 따져서는 안 된다는 말입니다.

현재의 60세는 과거의 40세

◇◇◇◇◇◇◇◇◇

일본에서는 나이로 구직자를 판단하는 경향이 강한 데다, 35세 이상은 이직이 어렵다는 속설도 뿌리 깊이 박혀 있습니다. 100세 시대에 이런 연령 차별 문제를 어찌 보십니까?

네, 에이지즘^{ageism}(연령 차별)은 일본의 나쁜 면 중 하나입니다. 영국에서는 직원을 구할 때 연령 제한을 두면 위법입니다. 이력서에도 나이나 생년월일을 기재하지 않습니다. 물론 일본에도 연령 차별을 금지하는 법률이 존재하긴 하나 제 기능을 다하는 것처럼 보이진 않습니다.

안 그래도 일본에는 노인 인구가 많은데, 나이로 사람을 차별해서는 안 되죠. 어디를 가나 말하는데, 과거에 비해 현재의 고령자들은 훨씬 건강하고 활력이 넘칩니다. 저는 지금 62세인데(2017년 취재 당시), 기자님은 어떻게 되시나요?

저 역시 62세입니다. 1955년 3월생이에요.

동갑이네요, 전 2월생인데. 60대인 기자님도 아까 비행기에서 내려 곧장 우리 집으로 와서 이렇게 인터뷰까지 하고 있잖아요. 저도 콩고에서 돌아온 지 얼마 안 되었지만, 쌩쌩하거든요. 62세

린다 그래튼

여도 왕성하게 일할 수 있다는 건 명백한 사실입니다. 이대로라면 적어도 72세까지는 거뜬하게 일할 수 있을 것 같습니다. 흔히 하는 말이지만 오늘날의 60세는 과거 40세와 건강 상태가 비슷합니다. 게다가 과거 40세보다 20년이나 많은 경험을 했지요.

학교에서 저는 학생들에게 일부러 제 나이를 말합니다. 대부분 사람들은 나이를 숨기려고 하지만 저는 이 나이에도 이만큼 건강하다는 사실을 알리고 싶어서 일부러 대놓고 말합니다. 그러면 학생들은 "린다 교수는 지금 나이에도 풀타임으로 일하지 않나. 고정관념을 버려야 한다."와 같은 반성의 목소리를 냅니다.

런던 경영대학원에서는 운 좋게도 연령 차별이 없어서 하고 싶은 만큼 일을 할 수 있습니다. 70대 교수님도 아직 있고요. 그런 모습을 볼 때마다 조속히 일에서 연령 차별을 완전히 없애야 함을 느낍니다.

경력은 수많은 선택의 집합체

◇◇◇◇◇◇◇◇

『100세 인생』에서 주장하는 다단계 삶이란 콘셉트는 어떻게 나온 거죠? 교수님의 개인사가 반영돼 있는 것 같기도 한데요. 교수님은 학교에서 심리학을 전공한 후에 사기업을 돌아 런던 경영대학원 교수로 오지 않았습니까? 이런 경험이 책의 주제와 상당히 연관 있어 보입니다.

우선 기대 수명의 연장은 가장 긴박한 문제에 속합니다. 사람들이 100세까지 살게 된다면 무슨 일이 일어날지 학교 동료 교수이자 경제학자인 앤드루 스콧과 이야기를 나누었죠. 그러다가 "이건 중요한 사안이니 계속 논의해서 책으로 냅시다."라고 뜻을 모으게 되었습니다. 경제학에 심리학을 접목하면 이 논의에 공헌할수 있으리라 생각했죠.

저는 학교에서 심리학 박사 학위를 취득한 후 브리티시에어라인British Airline 항공사에서 수석 임상 심리사로 근무했습니다. 정말최고의 직업이었지요. 그 후 PA컨설팅 그룹에서 일했고 그다음에런던 경영대학원에서 교수로 재직하게 되었습니다.

기자님 말대로, 『100세 인생』에 나온 내용이 제 인생 이야기일지도 모르겠네요. 제 경력은 인생의 의의와 목적의 집합체이기도합니다. 동시에 적극적인 선택의 조합이기도 하지요.

학교에서 심리학을 전공한 후 박사 학위까지 받았을 때, 제가인간뿐 아니라 인간을 둘러싼 시스템에도 관심이 있음을 깨달았습니다. 그러면서 인생의 목적이 바뀐 거죠. 학술 연구에만 몰두하면 그런 시스템을 이해하지 못한다고 생각해 일단 학교를 벗어나 기업에 가기로 결정했습니다.

그러다가 주체적인 일을 하고 싶어서 브리티시에어라인을 떠나 컨설팅 회사로 갔습니다. 성격상 홀로 서겠다는 의지가 강한 편이거든요. 런던 경영대학원도 그런 틀에 맞추어 선택했고요. 『100세 인생』에서 자신의 성격이나 하고 싶은 일을 철저하게 분석하고 이해한 뒤에 직업을 선택해야 한다고 썼는데, 저 역시 그런 과정을 거친 거죠.

원하는 삶을 위해 이직을 두려워하지 마라

◇◇◇◇◇◇◇◇

개인적으로는 엄마로서의 역할을 충실히 수행하는 것도 중요했습니다. 지금 가족에 관한 서적도 집필 중인데, 피해갈 수 없는 주제가 있습니다. 과거와 모든 것이 달라진 세상이지만 딱 하나 바뀌지 않은 것이 있다면 그건 가임 여성의 나이일 겁니다. 이는 100세 시대를 고민할 때 매우 흥미로우면서도 다소 걱정스러운 부분입니다. 아이를 낳을 수 있는 연령에 관한 문제는 상당한 긴장과 불안을 초래하거든요.

MBA 학생들에게 가족에 관한 에세이를 쓰게 하면 학생들은 난자를 동결시켜서 여성이 임신할 수 있는 시기를 늘릴 수 있어야 한다고 주장합니다. 저는 난자 동결까지 하지는 않았지만 젊을 때부터 만일 엄마가 되고 싶으면 35세를 넘기기 전에 행동에 옮겨야 한다는 것은 알고 있었습니다. 직장을 런던 경영대학원으

로 옮긴 것도 아이를 가질 만한 자유로운 환경이 필요해서였거든
요. 저로서는 중대한 결심이었지요. 학교에서 버는 수입은 PA컨
설팅 그룹에서 받던 수입의 10분의 1에 지나지 않았으니까요. 이
제 겨우 당시 수준까지 끌어올리긴 했지만 그래도 아직 그때의
수입에는 못 미칩니다. PA컨설팅 그룹에서의 근무 환경은 자녀를
낳아 키울 여유를 갖기 힘들었습니다.

회사를 그만두는 것은 어려운 선택입니다. 저도 예외는 아니었
고요. 하지만 자신이 바라던 삶을 누리기 위해 여러 차례 이직을
해야 할지도 모릅니다. 그러려면 우선 내가 바라는 삶이란 무엇
인지 깊이 고민해야겠지요.

고령자, 여성, 이민자에 주목하라

◇◇◇◇◇◇◇◇

100세 시대가 실제 정치나 정책에 어떤 형태로 관여한다고 보
십니까?

100세 시대는 상당히 정치적인 이슈입니다. 가장 분명한 이슈
는 정년퇴직 제도이지요. 일본에서는 여러 해 전에 정년이 60세
에서 65세로 연장되었고 현재는 70세까지 논의되고 있습니다.
지금 60세는 과거의 40세나 마찬가지니까 당연한 일입니다.

또 하나의 이슈는 교육 제도입니다. 기존의 교육 제도는 풀타임 교육, 풀타임 근무, 그리고 풀타임 퇴직이라는 3단계 삶을 전제로 설계되어 있습니다. 따라서 현재 정부가 말하는 '교육비'란 3세부터 23세까지의 교육을 위한 재원입니다. 대학 졸업 후엔 '당신에게 줄 모든 교육비는 지급되었습니다.'라고 하겠죠.

하지만 개인이 시간을 재분배해야 하듯 정부도 교육 자원을 재분배해야 합니다. 정부는 평생 학습을 지원하는 시스템을 구축해야 합니다. 틀림없이 그 중요성을 인식하고는 있겠지만, 이제는 구체적인 설계에 돌입해야 할 때입니다.

일본처럼 저출산 고령화 국가에서는 늘어난 기대 수명에 대한 부정적인 반응도 보입니다. 정부 재정이 악화하리라는 우려에서죠. 저출산 고령화 국가에서는 100세 시대를 어떻게 대비해야 할까요?

앞서 말한 정년과도 맞물리는 이야기인데, 60대 이상의 사람들에게 생산적인 활동을 하도록 장려해야 합니다. 기업에서도 이를 지원해야 하고요. 60세에 일을 그만두는 사람이 수두룩한데, 더군다나 출생률까지 낮아지면 다음 순서는 명백한 파국입니다. 그런 파국을 맞지 않으려면 60대 이상의 고령자와 여성에게 일할 기회를 주어야 합니다. 이 두 가지는 큰 자산인데 일본에서 충분히 활용되지 못하고 있어요.

저는 정년제를 폐지해야 한다고 생각합니다. 의지만 있으면 70대, 80대에도 일할 수 있는 사회가 만들어져야 합니다. 지금은 로봇이 인간의 일을 도와줍니다. 그만큼 고령자가 능력을 발휘할 수 있는 범위도 넓어졌지요.

또 여성의 경제 활동도 장려해야 합니다. 일본에서는 여성이라는 매우 귀한 자산이 있으면서도 충분히 활용하지 못하고 있습니다. 제가 만일 일본에서 태어났다면 이 나이까지 일하고 있진 못했겠지요. 지금까지 똑똑한 일본 여성들을 많이 만났는데 그들은 자기 일을 갖고 있지 않았어요. 여성의 낮은 경제 참여율은 일본에 분명 손해입니다.

일본에서는 낯선 이야기인지도 모르지만, 고령자 활용, 여성 활용 외에 제3의 방법이 있습니다. 바로 적극적인 이민자 수용이에요. 영국에서는 낮은 출산율을 보완하기 위해 이민을 활용했습니다. 결과적으로 영국의 출산율은 갑자기 회복세를 타게 되었지요.

과거를 그리워할 여유는 없다

◇◇◇◇◇◇◇◇◇

교수님은 다양한 해결책을 내놓았지만, 유감스럽게도 아직 100세 시대를 긍정적으로 검토하는 정치인보다 '옛날로 돌아가자.'고 대중을 선동하는 정치인이 더 많은 지지를 얻는 듯합니다.

100퍼센트 공감합니다. 실은 간밤에 영국의 유명한 저널리스트 몇몇과 함께 저녁을 먹었는데, 그들도 똑같은 말을 하더군요.

과거로 돌아가고 싶다는 어처구니없는 생각을 하다니요. 우리가 언제 황금기를 경험했다는 건지요. 1950년대를 말하나요? 말도 안 돼요. 우리가 사는 세상은 급속도로 변하고 있습니다. 과거를 그리워하기보다 현실을 직시해야 합니다.

정치가는 시종일관 비현실적인 주장만 합니다. 도널드 트럼프 대통령은 미국의 실업 문제가 이민자 때문이라고 목이 터져라 외칩니다. 그러나 데이터를 보면 원인은 이민이 아니라 자동화 시스템이에요. 그리고 자동화는 더 심화되면 심화되었지 시간을 역행해 사라지지 않을 것입니다.

일본의 자동화 시스템은 세계 최고 수준입니다. 일본의 로봇 기술은 다른 어느 나라보다도 발달했지요. 과학기술을 이용해 어떻게 산업을 발달시킬 것인지 고민하는 일이야말로 정치인이 해야 할 일입니다. 과거를 회상할 여유가 어디 있나요.

어른과 어른의 관계를 구축하자

◇◇◇◇◇◇◇◇◇

지금은 과거보다 미래를 봐야 할 때라고 하셨는데요. 교수님이 살고 있는 영국이 최근 국민투표를 거쳐 유럽연합 탈퇴를 결정한 것은 오히려 시대에 역행하는 것 아닌가요?

저는 브렉시트에 반대 입장이었습니다. 우리 학교의 다른 교수들도 반대했고요. 브렉시트는 영국에 비극이나 다름없습니다. 《파이낸셜 타임스》의 수석 칼럼니스트 마틴 울프 Martin Wolf는 "마치 팔에 깊은 상처를 입은 것 같다."라고 토로하기까지 했죠.

회사에 비유를 하면요. 과거 회사와 직원 사이는 부모와 자식 같았습니다. 기업은 '너희는 선택할 필요 없다. 해야 할 일은 내가 모두 가르쳐줄 테니까.'라는 식으로 부모 역할을 자처하며 직원들을 자식처럼 다뤘죠. 하지만 그런 관계는 오래전 와해되었고 이제 회사와 직원은 부모와 자식 관계에서 어른과 어른의 관계로 이행했습니다. 저는 2004년에 펴낸 『민주적 기업 The Democratic Enterprise』(국내 미출간)에서 그런 변화를 다룬 바 있습니다. 어른과 어른의 관계는 서로 솔직하다는 특징이 있습니다. 기업은 아무리 나쁜 소식이라도 앞으로 일어날 일을 직원들에게 가감 없이 말해주고 나서 다 같이 결정을 내리죠.

하지만 이번 일에서도 볼 수 있듯, 기업에서와 달리 정치에서는 목적을 달성하기 위해 외부의 적을 상정하거나 불필요하게 논점을 흐리며 사람들이 현실을 제대로 직시하지 못하게 만드는 전략을 아직도 구사합니다. 참으로 졸렬하지요.

이런 일도 있었습니다. 『100세 인생』을 보면 은퇴 후 100세까

린다 그래튼

지 여유롭게 살려면 80세까지 일해야 한다는 앤드루 스콧 교수의 계산 결과가 소개됩니다. 그랬더니 책 출간 후에 만난 영국 재무부 공무원들이 "이런 책을 내주어 고맙다."라고 말하더군요. 꼭 알아야 하고 진지하게 논의되어야 할 이야기인데 막상 대통령, 장관, 정치인 같은 사람들은 지지율이 떨어질까 두려워 말을 하지 못하니까 실무자들은 답답한 거죠.

학자로서 좋은 점은 표를 의식하지 않고 진실을 말할 수 있다는 점입니다. 기업과의 관계에서든 국가와의 관계에서든 어른과 어른의 관계가 구축되려면 진실을 있는 그대로 전하고 받아들이는 일이 자연스럽게 이뤄져야 합니다.

끊임없이 배워서 정부와 기업을 압박하자

◇◇◇◇◇◇◇◇◇

교수님은 실제 사회가 변화하는 속도보다 기업이나 국가가 변화하는 속도가 느리다는 점을 지적했습니다. 왜 그렇게 더디게 변화하나요?

예를 들어 당신 어머니의 기대 수명이 100세라고 해보죠. 그럼 정부 정책은 국민의 평균수명을 80세로 상정했다고 해도 당신은 어머니가 100세까지 산다고 계산하고 대비할 테죠. 즉, 실제 변화하는 상황에 처한 개인은 당면한 현실에 발 빠르게 대응한다는 말입니다. 그래서 정부나 기업보다 개인이 더 빠르게 변화하는 거죠.

한편 기업과 국가의 느린 반응은 단순히 의식 수준이 뒤처져 있어서라고 말할 수도 있지만 몇 가지 이유를 들어 더 자세히 설명할 수 있습니다. 첫째, 그렇게 사회 전반의 기대 수명이 늘어나는 것은 갑자기 일어나지 않고 천천히 진행될 것이기 때문에 묵인할 여지가 있습니다. 둘째, 미래 세대를 위한 정책보다는 당장 수가 많고 힘이 센 현 기성세대를 위한 정책을 실시하는 것이 정권 유지에 유리합니다. 셋째, 다단계 삶은 개인마다 다르게 펼쳐질 것이기 때문에 사회적 합의를 도출하기가 어렵습니다. 이런 여러 가지 이유로 기업이나 국가는 변화를 인정하지 않으려 하거나 마치 없는 일처럼 여깁니다.

꿈쩍도 하지 않는 기업과 국가를 움직이게 하려면 개인은 무엇을 해야 합니까? 아무리 100세 인생 시대에 발맞추려 해도 제도가 바뀌지 않으면 힘들 것 같거든요.

맞습니다. 우선은 노동시장에서 교섭력을 키워야 합니다. 예를 들어 유럽을 보면 프라이스워터하우스쿠퍼스나 딜로이트, 삼정회계법인과 같이 전문 분야를 가진 기업들이 필사적으로 변화를

린다 그래튼

시도합니다. 회사를 그만두는 사람이 늘고 있어서죠. 개인으로서 회사에 대한 불만을 극적으로 표출하는 방법 중 하나가 회사를 그만두는 것일 텐데요. 이렇게 이의를 제기하는 사람이 늘어나면 기업도 변하지 않을 수 없겠죠.

퇴사 등의 전략으로 회사를 압박하기 위해서는 자신이 노동시장에서 인정받는 재원이어야 합니다. 그래서 자기 경력을 늘 계발하고 새로운 지식과 기술을 습득해야 하죠. 과거에는 20대 전반까지 받은 교육으로 나머지 40년 동안 경력을 쌓으며 그럭저럭 먹고살 수 있었습니다. 그러나 이제 그런 노동자는 교섭력을 잃고 바뀌지 않는 기업과 바뀌는 사회 사이에서 갈팡질팡할 것입니다.

솔직히 말해, 회사와 직원이 일대일로 교섭하는 건 바람직하지 않습니다. 개인마다 교섭력에 차이가 있고 또 상황이 다 다르기 때문입니다. 그러니 기업 경영자나 국가 지도자가 변화의 필요성을 스스로 깨닫고 100세 시대에 적합한 규범과 제도를 만들어 나가는 것이 가장 바람직합니다. 그러나 당장은 이루기 어려우니 한동안 개인 차원에서 교섭력을 강화하는 수밖에 없습니다. 고도의 자동화가 진전되고 수명이 늘어나는 현대에 우리는 쉬지 않고 배워야 합니다.

싱가포르와 북유럽에서 발견한 가능성

◇◇◇◇◇◇◇◇◇

그럼 100세 시대에 기업이나 국가의 리더는 뭘 해야 합니까?

먼저 현실을 인정해야 합니다. 그리고 국민이나 근로자를 지원할 수 있는 규범과 제도를 마련해 실행해야 합니다. 거듭 말하지만, 정년제 폐지가 급선무입니다. 이것만큼 시대착오적인 제도는 없습니다. 또한 평생 학습에 투자해야 합니다. 교육 대상을 3~23세 자녀에 국한하는 시대는 지났습니다. 어른을 위한 교육 프로그램을 국가 차원에서 구축해야 합니다.

교수님이 볼 때 100세 시대에 대응할 준비가 잘 된 국가는 어디입니까?

당장 떠오르는 대표적인 성공 사례는 두 곳입니다. 한 곳은 싱가포르입니다. 싱가포르에서는 기업과 교육기관, 정부가 슬기롭게 연대해 평생 학습에 힘을 쏟고 있습니다. 저는 싱가포르의 인재 개발 부서에 몇 년 전부터 컨설팅을 해주고 있는데, 담당자들이 노동시장에서 정부가 어떤 역할을 해야 하는지 잘 이해하고 있더군요.

다른 한 곳은 핀란드, 덴마크, 스웨덴과 같은 북유럽 국가들입

　　　　　　　　　　　　　　　　　　　　　　린다 그래튼

니다. 그 나라들에서는 거의 모든 여성이 일을 합니다. 방식은 나라마다 다르지만, 덴마크의 경우 일찍부터 자녀를 사회에서 돌보는 제도가 정비되어 있기 때문에 여성이 일하기 좋은 사회가 이미 만들어져 있습니다. 자녀가 보육원에서 즐겁게 시간을 보내는 동안 엄마는 안심하고 일할 수 있지요. 덴마크나 핀란드의 기업은 남성의 육아휴직에 대해 상당히 긍정적입니다. 기업이 솔선해서 남성의 육아휴직을 장려하는 등 여성이 일하기 좋은 환경이 이미 조성되어 있죠.

다만 이런 성공 사례는 모두 작은 나라입니다. 나라가 작을수록 정책을 실행하기 쉬우니까요. 그래서 미국이나 일본 같은 대국에서 이런 시스템을 응용하는 건 일종의 모험이라 할 수 있습니다.

100세 시대에 발맞춰 나가는 과정은 오랜 시간이 걸리는 일입니다. 그렇기에 책을 내고 인터뷰를 하며 다양한 형태로 더 많은 사람들에게 진실을 전하려고 합니다. 100세 시대를 위해 기업이나 국가를 재창조하는 뚝심 있는 리더가 나타나리라 기대합니다.

5장

◇◇◇◇◇◇◇◇◇

기술이 인간을
행복하게 해주는가

"지금 우리에게 필요한 것은 컴퓨터를 이기는 것도, 컴퓨터 자체가 되는 것도 아닙니다. 진정 필요한 것은 컴퓨터를 수단으로 충분히 활용하면서 우리의 인간성이 확보된 미래라고 생각합니다."

다니엘 코엔 Daniel Cohen

1953년 튀니지에서 태어났다. 프랑스를 대표하는 경제학자이자 사상가다. 현재 파리 1대학, 파리 고등사범학교, 2006년에 『21세기 자본』의 저자 토마 피케티 등과 함께 설립한 파리 경제학교(EEP)의 경제학 교수로 재직 중이다. 주로 국가 부채와 성장 문제를 연구하며 정부의 경제 정책 수립에 참여할 뿐 아니라 《르몽드》의 편집위원으로도 활동하고 있다. 저서로는 『악의 번영』(글항아리), 『호모 이코노미쿠스』(에쎄), 『세계화와 그 적들』(울력) 등이 있다.

◇◇◇◇◇◇◇◇◇◇

다니엘 코엔은 자크 아탈리^{Jacques Attali}와 함께 프랑스를 대표하는 경제학자이자 세계적 사상가이다. 현재 파리 고등사범학교를 비롯해 파리 1대학, 그리고 2006년에 토마 피케티^{Thomas Piketty} 등과 함께 설립한 파리 경제학교의 경제학 교수로 재직 중이다. 코엔의 전작 『악의 번영』은 유럽에서 재레드 다이아몬드의 『총, 균, 쇠』를 능가하는 베스트셀러를 기록했다.

경제성장과 행복의 관계는 현대에 피해갈 수 없는 중요한 주제이다. 고도 성장기에는 경제가 성장하고 과학기술이 발전하면 생활이 편리해지고 윤택해져서 행복해질 것이라는 기대가 컸다. 그러나 그것은 한낱 꿈에 지나지 않았음을 깨닫는 사람들이 늘고 있다. 과거에 비해 과학기술이 획기적으로 발달했는데도 행복하지 않은 이유는 무엇일까?

그 이유에 대해 코엔은 과학기술 발전이 일부 사람들에게만 혜택을 가져다주기 때문이라고 말한다. 과학은 경제성장을 이끌었으나 그 결실을 누릴 수 있는 사람은 극히 일부이며 부는 그쪽으로 쏠린다. 미국 등 세계 곳곳에서 발생하고 있는 격차 문제는 바로 과학기술이 초래한 비극이다.

더욱이 코엔은 행복 추구란 쾌락의 러닝머신 같다고 말한다. 일단 기계 위에 올라가면 무한히 돌고 도는 레일 위에서 아무리 달리고 달려도 늘 출발점에 머무른다. 역사를 돌아보면 경제성장이 행복이라는 목적을 달성하는 수단은 아니었음을 깨닫는다고 하지만, 경제성장에 손을 뻗으며 달리는 이상 성장은 무한한 욕망의 탈을 뒤집어쓴다.

다른 석학들이 예견한 바와 같이 코엔 또한 향후 50년 내로 인공지능이 거대한 혁명을 일으킬 것임을 부정하지 않는다. 그리고 인공지능을 이용해 생산할 수 있는 가치는 무한하리라 전망한다. 그렇다면 그 혜택은 누구에게 귀속될까? 우리의 미래는 어떻게 될까?

경제성장과 행복, 과학기술의 상관관계에 관한 코엔의 냉철한 논고를 들어보자.

다니엘 코엔

❖ ❖ ❖

성장 신화의 종말, 장기 침체의 시작?

◇◇◇◇◇◇◇◇◇

최근 과학기술 발달에도 불구하고 세계 경제가 침체기에서 벗어나지 못하는 이유가 무엇이라고 생각합니까?

중요한 문제입니다. 새로운 과학기술이 계속 등장함에도 왜 경제가 폭발적으로 성장하지 않고 오히려 내리막길을 걷는 듯 보일까요? 대답하기 전에 먼저 미국 경제학자 로버트 고든^{Robert J. Gordon}의 견해를 소개할까 합니다.

1870~1970년에 인류는 놀라운 변화를 경험하게 됩니다. 1870년 이전만 해도 사람들은 시골에 살면서 말을 타고 다녔습

니다. 하지만 그 100년 동안 전기가 보급되고 라디오, 영화가 등장했으며 자동차, 비행기가 다니고 항생제가 사용되었죠. 변화의 물결이 성난 파도처럼 밀려와 모든 것을 통째로 바꿨습니다.

그에 비해 최근의 새로운 과학기술, 예를 들어 스마트폰을 보면 우리는 스마트폰으로 텔레비전을 시청하거나 데이터를 수집하거나 사람과 대화하거나 하는 일상적인 일들을 합니다만 그것이 과거에 비해 실생활 전반에 대대적 혁신을 일으켰다고 보기 힘들다고 고든은 말합니다. 그의 주장을 토대로 오늘날 경제성장이 신통치 않은 이유를 어느 정도 이해할 수 있습니다. 간단히 말해, 5년마다 신차로 갈아타면서 새로운 기술을 만끽할 수는 있지만, 19세기 초 고도 성장기의 혁신의 강도와 규모를 생각해보면 지금의 신기술들은 감탄 내지 경탄할 정도의 혁신은 아닙니다.

과거 산업 시대에 미국과 유럽에서 한 세기에 걸쳐 1인당 연간 평균 2퍼센트 정도의 경제성장률을 기록해왔습니다. 일본의 성장률도 비슷할 것입니다. 그 성장률에서 현재 문제가 되는 고령화나 국가 부채, 격차 등이 야기할 비용을 제하면 실질 성장률은 0.5퍼센트에 불과합니다. 고든은 우리가 그런 저성장 시대에 살고 있다고 말합니다.

다니엘 코엔

과학기술이 격차를 초래한다

◇◇◇◇◇◇◇◇◇

특히 저는 새로운 과학기술이 인간의 노동생산성을 향상시키는 데 상당한 시간이 걸린다는 점을 지적하고 싶습니다. 과학기술만으로 경제성장을 유지하기는 어렵습니다. 경제성장을 위해서는 노동자의 생산성을 높여야 하는데, 현재로서는 새로운 과학기술이 오히려 일자리를 빼앗아버리는 측면이 강합니다.

미국에서 그렇게 격차가 심하게 벌어지고 있는 이유 또한 새로운 과학기술의 혜택을 누리는 사람이 극히 일부이기 때문입니다. 새로운 과학기술은 기업 경영자나 투자자에게 이로움을 주는 반면 비서와 같은 단순 사무직을 대체해버리며 대다수 사람들의 생존을 위협합니다. 물론 노인을 간호하는 일과 같이 '인간 대 인간'만이 할 수 있는 영역은 과학기술이 넘보지 못할 테니 그쪽 종사자라면 덜 위협적으로 느끼겠지만요.

최근 급속도로 발전하고 있는 많은 과학기술은 소수의 생산성만 향상시켜줍니다. 거기서 배제된 대다수는 아무 이익을 받지 못하므로 결국 격차는 심해질 것입니다. 1870~1970년에는 중산층도 기술 혁신의 혜택을 누렸습니다. 그러나 오늘날 중산층은 새로운 과학기술이 제공하는 혜택에서 소외되어 있습니다.

경제학자들은 소득 양극화도 이야기합니다. 상위 1퍼센트에 속하는 위대한 아티스트, 축구 선수 등은 전 세계 수억 명의 텔레

비전 시청자 덕분에 엄청난 수입을 벌어들이고 있습니다. 새로운 과학기술을 독점적으로 누리는 사람들은 그 기술의 적용 범위가 클수록 더 많은 돈을 법니다. 과학기술은 격차를 야기할 뿐만 아니라 재생산하고 심화시키고 있습니다. 전 세계 인구의 절반이 새로운 과학기술이 가져다주는 혜택을 받지 못한다면, 그들의 생산성은 더 이상 향상되지 못하고 정체 또는 쇠퇴하는 셈이니 그것만으로 경제성장률은 반 토막이 나는 거죠.

열심히 일하면 보상받는다는
생각은 착각이었음을

◇◇◇◇◇◇◇◇

일해서 더 많은 돈을 벌고 싶다는 것은 인간의 원초적 욕구인데요. 이런 욕구가 경제성장에 기여하지는 않나요?

인간은 기본적인 욕구를 충족하더라도, 심지어 그것을 충족하기 전에도 더 크고 많은 것을 끊임없이 원합니다. 하나를 달성하게 되면 또 다른 것을 달성하려는 마음이 들죠. 인간의 욕망에는 종착역이 없다는 말입니다. 최근 50년 동안 우리의 문명이 혼돈 속에 있는 이유 중 하나로 이 무한한 욕망을 들 수 있습니다. 50년 전으로 돌아가 보지요. 1968년 5월 프랑스에서는 학생운동이 격

다니엘 코엔

렬하게 일어나고 있었습니다. 일본과 독일에서도 마찬가지였고요. 미국 버클리에서는 베트남 전쟁에 반대하는 집회가 열렸습니다.

당시에는 산업 문명이 종언을 고하는 것이 아닌가 하는 생각이 널리 퍼져 있었습니다. 다음에는 도대체 무슨 일이 일어날지 모두 궁금했지요. 파리 카르티에라탱 지구*의 학생운동 참가자들은 더 나은 시대로 이행할 수 있으리라는 신념에 사로잡혀 있었습니다. 또 1960년대 대중문화는 노래나 마약, 섹스에 취해 있었습니다. 모두 탈물질주의post-materialism 시대가 오리라고 믿었지요.

하지만 이런 현상은 오래가지 않았습니다. 1970년대에 들어 경제성장률이 떨어지면서 1960년대에는 경멸의 대상이었던 물질적 가치가 갑자기 다시 중요해진 것입니다.(세계 경제는 2차 세계대전 이후 1950~1960년대에 호황기를 누리다가, 1970년대 석유 파동, 인플레이션 등으로 침체기에 빠졌다.—옮긴이) 물질에서 초월한 삶을 찬양하던 젊은이들은 이제 취직할 수 있느냐 없느냐에 목숨을 걸게 됩니다. 생계를 위해서라도 열심히 일하고 경쟁에서 살아남아야 했습니다. 다들 물질주의가 끝났다는 생각은 오판이라고 생각했지요.

이러한 회귀는 현실적으로 소득 격차를 초래했습니다.(당시 경

* 카르티에라탱은 파리 1대학을 비롯해 주요 고등교육기관이 자리한 대학가로 1960년대 반체제 학생운동의 중심지였다. 그 후 학생운동은 대중운동으로 발전해 드골 정권의 퇴각 계기가 되는 5월 혁명을 촉발했다.

제 불황을 극복하기 위한 논리로 정부의 개입을 줄이고 민간 부문의 역할과 시장의 자율성을 강조하는 신자유주의가 대두되었다. ―옮긴이) '우리에게 일하려는 의지와 열정만 있으면 단일 공동체를 형성할 수 있다.'는 유토피아적 믿음이, 자본의 독점과 빈부 격차 때문에 산산이 부서진 것입니다. 이제 경제성장은 일반인들과 거리가 먼, 딴 나라 이야기가 되어버렸습니다. 열심히 땀 흘려 일하면 돈을 벌 수 있다고 생각하는 것은 순진하고도 어리석은 짓입니다. 세상은 그리 선하게 돌아가지 않는다는 사실을 이제 많은 사람들이 알고 있습니다.

일을 많이 할수록 더 많은 것을 가질 수 있다는 희망이 한때 미국뿐 아니라 전 세계 국민들의 근로 의욕을 고취시키고 경제성장을 이끌기도 했습니다만, 새로운 시대에 경제성장을 이끈 것은 그런 희망이 아니라 과학기술이었습니다. 단, 이런 혁신적인 과학기술에는 잠재적 위험이 도사리고 있는데, 우리 문명은 이 문제에 어떻게 대처해야 할지 모른 채 현재에 이르렀죠.

교수님은 『출구 없는 사회Le Monde est clos et le désir infini』(글항아리)에서, 행복 추구란 쾌락의 러닝머신과 같아서 아무리 열심히 뛰어도 늘 제자리라고 기술했는데요.

현대에 들어 더욱 두드러진 현상인데, 사람들은 자신이 무엇을

다니엘 코엔

원하는지도 모르면서 다른 사람이 소유한 것을 가지려고 합니다. 누군가가 자기 앞에 서면 뭐가 되었든 그 사람보다 앞서고 싶어 하지요. 그런 식으로 전진하고 있다고 스스로를 대견해하며 살다가, 어느 날 이렇게 아등바등 사는 사이에도 저 꼭대기에 있는 사람은 늘 군림하며 내가 처한 상황은 크게 바뀌지 않는 현실을 깨닫고 좌절하게 됩니다.

과거에 비해 물질적으로 훨씬 풍요로워졌음에도 우리 사회가 경제성장에 목을 매는 이유는 출세의 길이 모든 이에게 열려 있다는 믿음 위에 자유민주주의가 유지될 수 있기 때문입니다. 기회의 평등이라는 자유민주주의의 가치는 비민주주의 국가에게도 영향을 미치며, 경제성장은 그런 가치를 널리 확산시키고 강화하는 데 기여합니다.

디지털 사회에 인간은 디지털 재화로 쓰인다

◇◇◇◇◇◇◇◇◇

교수님 책에서 근 미래를 디스토피아로 그린 영화 〈블레이드 러너〉(1982년)*가 언급되는데요. 교수님은 미래 사회가 어떤 모습일 것 같습니까?

* 필립 딕의 SF소설 『안드로이드는 전기양의 꿈을 꾸는가?』를 원작으로 하는 영화로 안드로이드(인공지능)와 인간이 서로 싸우고 죽이는 미래를 묘사하고 있다.

오늘날 디지털 경제(기존의 노동, 토지, 자본과 같은 생산 요소 대신 네트워크화된 정보와 지식이 가치를 창출하는 경제 시스템—옮긴이)가 우리에게 어떤 의미인지부터 생각해봐야 합니다. 디지털 경제에서 우리는 자신이 일하는 영역에서 규모의 경제(생산량이 증가함에 따라 평균 생산 비용이 감소하는 현상—옮긴이)를 실현할 방법을 강구해야 합니다. 쉽게 말해, 제가 한 사람 분량의 일을 하는 경우에는 경제가 성장하지 않습니다. 저 혼자서 둘, 셋, 넷, 다섯 사람의 일을 처리할 수 있어야 그만큼 성장이 일어납니다.

따라서 미래에 디지털 경제가 심화되면 인간마저 디지털화된 정보 재화가 될 수도 있습니다. 우리의 기억, 경험, 감정, 정체성 등 인간성을 구성하는 모든 요소가 디지털 신호로 변환되고 인공지능이 그것을 마음대로 조작해 우리를 통제할지도 모르죠. 〈블레이드 러너〉는 인간과 사이보그와 최첨단 과학기술이 혼재하는 세계를 보여줍니다. 디지털화된 인간은 규모의 경제를 실현할 수 있습니다.

왜냐하면 디지털화된 인간은 '당신은 이것을 해야 합니다. 다른 일은 잊어버리십시오. 중요한 일을 달성했을 때는 내게 보고하십시오.'라는 식의 명령을 잘 따를 것이기 때문입니다. 그러니 혈압을 재는 단순한 일을 반복적으로 해도 당신은 자아실현 같은 건 생각 안 하고 싫증도 내지 않고 성실하게 임할 것입니다.

규모의 경제가 성장의 동력이 되는 디지털 경제에서는 인간성

다니엘 코엔

을 보존하면서 성장하기란 어려운 일이 됩니다. 그러므로 이런 인간을 조종하기 쉽고 통제하기 쉬운 디지털 재화로 만드는 것이 각광받는 성장 모델이 될 수도 있습니다. 〈블레이드 러너〉가 보여주는 미래는 실로 그런 발상에 근거하고 있습니다.

사이보그 인간에 대한 바른 이해

◇◇◇◇◇◇◇◇

기술적 특이점Singularity*으로 유명한 레이 커즈와일Ray Kurzweil의 미래 예측에 관해서는 어떻게 생각하십니까?

커즈와일의 예측은 오해 또는 오독의 여지가 있습니다. 그가 말하는 트랜스휴머니즘trans-humanism은 생산력 증대를 위해 인간에 과학기술을 더 많이 접목하자는 것입니다. 즉, 경제성장을 위해서는 인간과 과학기술이 융합해야 하며 인간의 노력만으로는 불충분하다는 얘기지요.

트랜스휴먼은 곧 실현될지도 모릅니다. 단지 그것은 인간이 인간임을 뛰어넘겠다는, 명백하게 역설적인 미래 비전입니다. 마치 15년 동안 세계 체스 챔피언이었던 가리 카스파로프Garry

* 인공지능이 인간을 초월해 심오한 변화를 초래한다는 가설로 커즈와일은 그 시점을 2045년으로 예상했다.

Kasparov에게 IBM에서 개발한 슈퍼컴퓨터인 딥 블루Deep Blue와의 경기에서 이기고 싶다면 사이보그가 되라고 말하는 것과 같습니다.(1997년 둘은 맞대결을 벌였고 딥 블루가 이겼다.—옮긴이)

지금 우리에게 필요한 것은 컴퓨터를 이기는 것도, 컴퓨터 자체가 되는 것도 아닙니다. 진정 필요한 것은 컴퓨터를 수단으로 충분히 활용하면서 우리의 인간성manhood이 확보된 미래라고 생각합니다.

만일 건축가라면 실제로 집을 짓기 전에 의뢰인에게 설계도상 예상되는 집의 모습을 보여주고 싶을 것입니다. 과학기술 덕분에 이 일은 실제로 가능해졌습니다. 의사도 마찬가지입니다. 인공지능이 병원의 통상적인 사무 업무를 효율적으로 처리해줄 수 있다면 인간 의사는 환자의 치료라는 핵심 업무에 전념할 수 있습니다. 저 개인적으로는 사이보그 의사를 별로 원하지 않습니다.

모든 인간이 사이보그가 된다면, 어쩌면 불로불사의 사회가 실현될지도 모른다는 생각은 안 해보셨나요?

향후 50년 동안 우리 인간은 로봇이나 인공지능과 새로운 협력 관계를 찾아낼 것입니다. 의학계에 있는 제 친구가 말하길, 인간이 불사신이 될 일은 없다고 하더군요. 의학의 목적은 기대 수명보다 너무 일찍 죽는 불행한 사태를 방지하는 것이지, 200세

다니엘 코엔

까지 수명을 늘리는 것이 아니라고 합니다. 이렇게 보면 우리가 사이보그가 되어 불로장생을 누리겠다는 생각은 현재의 과학 문명이 달성하려는 목표와 상반되는 것 아닐까 싶네요.

이제 인류는 100년 정도 살 수 있다고 합니다. 누구나 확실하게 100년을 살게 하려면 암이나 알츠하이머와 같은 질병으로 죽지 않도록 해야겠지요. 과학자들이 입을 모아 말하듯 과학과 의학의 발달로 모든 사람의 수명이 120세로 연장되면 그것은 사회에 또 다른 충격을 안길 것입니다. 충분히 일어날 수 있는 일입니다.

고령화라는 위기를 로봇 대국의 기회로 삼자

◇◇◇◇◇◇◇◇

일본 경제는 1990년대 거품 경제가 붕괴된 후 약 20년간 장기 침체를 겪다가 최근의 여러 수치를 감안했을 때 회복세로 돌아선 듯합니다. 그러나 국민은 여전히 체감하지 못하고 있습니다.

어느 나라든 마찬가지입니다. 프랑스에서 일반 국민의 삶은 1970년과 비교해 두 배 윤택해졌지만 아무도 그렇다고 생각하지 않습니다. 부의 수준뿐만 아니라 개인의 의식 수준 또한 높아졌기 때문입니다.

가령 스마트폰의 가치는 얼마라고 할 수 있을까요? 스마트폰 등장 후 첫 3년 동안에는 그 가치가 매우 크다고 말했을 겁니다. 하지만 어느 순간부터 스마트폰은 당연한 존재가 되었습니다. 만족감을 높이는 재화가 아니라 없으면 불만을 느끼는 재화가 된 것이죠. 만약 제가 지금 당신의 스마트폰을 뺏으면 당신은 상당한 불만을 드러낼 것입니다. 이처럼 처음에는 낯설고 신선했던 것이 시간이 지나 익숙해지면 없을 때 훨씬 더 큰 결핍을 느낍니다. 경기가 좋아지고 삶이 나아졌다고 해도 만족감이 높아지지 않는 이유 또한 마찬가지입니다.

교수님은 일본에 대해 어떤 이미지를 갖고 있습니까?

1980년대만 해도 일본은 '세계 제일 일본'이라 불리며 미국을 위협하는 경제 대국으로 성장했습니다. 그에 관한 책도 많고요.(대표적으로 하버드 대학교의 에즈라 보걸 교수가 1979년에 쓴 『일등 국가 일본Japan as Number One』이 있다.—옮긴이) 실제로 일본은 아시아 경제를 이끄는 대표 주자가 되었습니다. 중국을 비롯해 한국, 홍콩, 대만 등 주변국의 '롤 모델'이 되었지요. 수출 주도 성장이 가능하다는 것을 일본에서 보여주었거든요. 핵폭탄을 두 개나 얻어맞은 폐허 속에서도 불리한 조건들을 극복하고 세계 무대에서 경쟁해 성공할 수 있음을 일본이 증명해냈습니다.

1980년대에 일본이 한 역할을 현재는 중국이 대신하고 있습니

다니엘 코엔

다. 일본 입장에서는 중국이 눈엣가시일 수도 있겠군요. 그래도 일본이 기여한 바는 큽니다. 패전국이었음에도 불구하고 선진국을 따라잡을 수 있음을 보였으니까요.

지난날의 영광일 뿐이지요.

1980년대 미국을 위협하는 경제 대국으로 급성장한 일본이었지만 이후 금융 위기가 찾아오고 거품경제가 무너졌지요. 이때 일본이 차세대 리더가 될 가능성은 사라졌다고 봅니다. 단지 일본 경제가 불황에 접어들었다는 이유 때문만은 아닙니다.

일본이 다른 선진국들과 결정적으로 다른 점은 이민자의 결여입니다. 여타 선진국에서는 이민자들이 세계 각지로부터 들어와 기존 사회를 변화시키는 힘으로 작용했습니다. 미국과 유럽을 보면 알 수 있는 사실이지요.

한편으로 보면 일본은 세계 최고령국입니다. 그렇기에 노동력 부족을 메우기 위해 로봇을 활용하는 분야에 있어서는 세계에서 가장 혁신적이죠. 미래에 노동력을 대신할 로봇 기술에 관해서라면 일본이 그 어느 나라보다도 앞설 것입니다.

맞습니다. 현재 일본은 전에 없이 노동인구 부족에 시달리고 있습니다. 하지만 그 때문에 로봇 산업을 선도할 수 있다니, 역설적이지만 귀담아 들을 이야기군요.

부의 쏠림이 심화된다

◇◇◇◇◇◇◇◇

주제를 바꾸겠습니다. 국내총생산GDP(일정 기간 동안 한 나라 안에서 생산된 모든 재화와 서비스의 시장가치를 화폐단위로 환산하여 더한 값—옮긴이)은 경제성장을 측정하는 중요한 지표입니다. 그런데 측정 방식에 경제활동 관련 요소가 모두 들어 있지 않다고 주장하며 개선을 요구하는 사람도 있습니다. 경제학자인 교수님 생각은 어떠십니까?

GDP는 지금 상태로 존재해야 합니다. 시장에서 거래된 모든 재화의 화폐가치를 보여주는 정보로서 의미가 있기 때문입니다.

물론 한계는 있습니다. 돈이 오가지 않는 경제 활동도 있으니까요. 예를 들어 가정주부의 가사노동은 시장에서 금전적 거래가 이뤄진 것이 아니라서 GDP에 포함되지 않습니다. 또 옛날에는 돈을 주고 다른 사람이 대신 처리해줬지만 지금은 인터넷에서 자기 힘으로 할 수 있는 일들이 많아졌는데(예를 들어 예전에는 배관공을 불러 수리하던 것을 유튜브를 보고 스스로 수리한 경우—옮긴이), 이 또한 가치를 창출했음에도 GDP에 반영되지 않습니다. 특히

다니엘 코엔

최근 들어 이런 일이 많아졌습니다. 그렇다고 해도 GDP는 시장에서 이뤄지는 금전 거래를 반영하는 중요한 경제지표이고, 굳이 그 산출 방법을 바꿀 필요는 없다고 생각합니다.

인공지능이 앞으로 4차 산업혁명을 이끌 것으로 예상되는 가운데 상위 1퍼센트에게 부가 집중된다는, 일명 '파바로티 효과Pavarotti effect'가 더 심해질 것 같은데 어떻게 보시나요?

파바로티 효과란 이탈리아 테너 가수 루치아노 파바로티와 같은 최고의 아티스트 외의 음반은 팔리지 않는다는 뜻인데요. 인공지능이 앞으로 50년 동안 모든 국면에서 혁명적 변화를 일으킬 것은 확실하고요. 인공지능이 발달할수록 소수에게 부가 집중되는 현상 또한 더욱 가속될 것입니다.

상위 1퍼센트가 전체를 지배하는 구조는 세계 기업들을 보면 알기 쉽습니다. 어느 분야든 재벌 기업의 시장점유율이 점점 늘고 있으니까요. 그 기업들은 과학기술을 전문적으로 다루는 직원이 타사보다 많다는 특징을 갖고 있습니다. 과거 미국에서 '빅 스리Big 3'라고 하면 자동차 회사인 포드, 제너럴모터스GM, 크라이슬러를 가리켰습니다. 그런데 지금은 아마존, 구글, 애플, 페이스북 등 IT 기업이 그 자리를 차지하고서는 전 세계에 광범위한 영향력을 행사하고 있지요. 그들은 자동차 대기업들과 비교해 직원

수는 절반 이하지만 주가는 10배 이상입니다. 최첨단 과학기술을 기반으로 운영되기 때문에 인원을 많이 둘 필요가 없거든요. 인공지능을 이용해 생산할 수 있는 가치는 무한할 것이기에 인공지능 기술을 소유한 자와 그러지 못한 자 사이의 격차는 심해질 거라 전망합니다.

우리는 더욱더 인간다워져야 한다

◇◇◇◇◇◇◇◇◇

장기 침체가 계속되니까 경제성장이 한계에 직면한 것 아니냐는 목소리도 나오고 있습니다.

경제성장이 한계에 부딪혔다고 말하는 이유는 기술 혁신이 무어의 법칙Moore's Law을 따르기 때문입니다. 이 법칙은 실리콘 반도체에 저장할 수 있는 데이터가 18개월마다 두 배 증가한다는 경험적 예측에 기반을 두고 있으며, 뒤집어서 말하면 가격 대 성능비는 동기간 중에 2분의 1이 된다는 뜻입니다. 그렇다면 지금의 속도가 유지될 경우 불과 1세기 안에 기술적 한계에 도달할 텐데요. 기존 무어의 법칙을 초월할 새로운 기술 혁신의 동력으로 양자 컴퓨터 등이 주목받고 있습니다. 양자 컴퓨터 상용화는 이미 코앞으로 다가왔습니다. 그 말인즉슨 기성 기술이 새로운 기술로

다니엘 코엔

대체된다는 뜻이겠지요.

물론 시장을 분야별로 보면 하향세에 접어드는 모습도 보이긴 할 것입니다. 늘어나는 것이 있으면 줄어드는 것도 있겠죠. 예를 들어 육류 소비량은 줄어들 것입니다. 자동차처럼 이산화탄소를 많이 배출하여 환경에 유해한 것들도 수요가 위축될 것입니다. 하지만 디지털 경제라는 오늘날의 경제 시스템에는 한계가 없다고 봅니다.

교수님은 책에서 로봇이나 인공지능 때문에 고용의 47퍼센트가 위협받는다고 썼는데요. 인간의 필요는 어디서 찾을 수 있을까요?

커즈와일에게 보내는 답변으로 이해해도 좋습니다만, 인간이 컴퓨터가 되는 것이 아니라 컴퓨터에 비해 인간의 상대적인 이점을 발견하는 것이 중요합니다. 체스나 바둑 등 명확한 목표를 달성하는 데는 로봇이나 컴퓨터가 우리 인간보다 훨씬 효과적일 것입니다. 어떤 상황에서 승리할 수 있는지를 잘 알고 있을 테니까요.

그러나 우리가 일하는 이유는 단순히 특정 목적을 달성하는 데 있지 않습니다. 인간은 어떤 의미에서는 그 자체로 최종 완제품 end product입니다. 그래서 목표가 명확하지 않고 모호할 때는 인간이 필요합니다.

6장

◇◇◇◇◇◇◇◇◇

무엇이 민주주의를
위협하는가

"(중산층의) 삶은 이미 아메리칸드림과 점점 멀어지고 있어요. 1940년대에 태어난 대부분의 미국인은 자기 부모보다 수입이 늘었지만, 오늘날에는 그 수가 절반 이하로 줄어들었습니다. 본인이 그 입장이라면 화가 날 만도 하지 않나요? 분노의 원인은 여러 곳에 있습니다."

조앤 윌리엄스 Joan. C. Williams

캘리포니아 대학교 헤이스팅스 로스쿨 교수이자 학교 산하 워크라이프 법률 센터(Center for Worklife)의 설립자 겸 초대 소장이다. 지난 사반세기 동안 여성의 지위 향상에 관한 논의마다 핵심적인 임무를 수행했으며 《뉴욕 타임스》에서 이 분야의 '록스타'로 소개된 바 있다. 저서로 『백인 노동자 계급(White Working Class)』(국내 미출간) 등이 있다.

◇◇◇◇◇◇◇◇◇◇

2016년 미국 대통령 선거에서 다수의 언론과 유권자가 민주
당 후보인 힐러리 클린턴의 당선을 확신했다. 그해 11월, 모두의
예측과 달리 도널드 트럼프가 승리를 거두자 전문가들은 믿을 수
없다는 반응을 보였다.

정작 힐러리 클린턴은 선거에서 패배한 이유를 제임스 코미
James Comey 전 FBI 국장이 선거일을 불과 11일 앞두고 '이메일 스
캔들(국무장관 재임 시절 공무에 개인 이메일을 사용한 혐의—옮긴이)'
의 재수사 방침을 밝혔기 때문이라고 결론 내린 듯하다. 하지만
패배의 원인은 실제로 그렇게 단순하지 않으며 오히려 다양한 사
회 변화가 맞물린 결과라고 봐야 한다.

조앤 윌리엄스는 힐러리 클린턴의 패배 요인 중 하나가 계급

에 대한 무지 때문이라고 주장하며 특히 트럼프를 강력하게 지지하는 백인 노동자 계급White Working Class, WWC이 큰 의미를 갖는다고 말한다. 이들은 가족을 지키기 위해 그리고 국가의 번영을 위해 열심히 일했으나 아메리칸드림을 이루지 못해 좌절한 사람들이다.

여기서 말하는 백인 노동자 계급은 전후 미국 경제성장의 원동력이었던 제조업에 종사하는 사람들로, 전체 미국인의 53퍼센트에 달하는 전형적인 중산층이다. 지금 그들은 세계화와 산업구조의 변화로 부모 세대보다 경제적으로 더 잘살 확률이 절반에도 못 미친다. 그들 자신이 빈곤층으로 전락하거나 자녀들이 경제적으로 더욱 힘들어지는 절망적인 상황이 눈앞에 펼쳐져 있는 것이다.

그들은 트럼프와 같이 자기 힘으로 재산을 축적한 부유층에 대해서는 아메리칸드림을 이루어낸 사람이라 칭송하며 경외심을 품는다. 그러나 근로자를 혹사하는 공장 감독, 간호사에게 무례하게 대하는 의사 등 전문직이나 관리직에 종사하는 엘리트층Professional Managerial-Elite, PME에게는 적대감을 갖고 있다.

이런 백인 노동자 계급에서 요구하는 바는 무엇일까? 지금 미국에서 벌어지는 일들을 이해하기 위해 조앤 윌리엄스와 인터뷰를 가졌다.

조앤 윌리엄스

❖❖❖

누가 트럼프를 대통령으로 뽑았는가

◇◇◇◇◇◇◇◇◇

2016년 미국 대선에서 도널드 트럼프의 승리 요인 중 하나가 백인 노동자 계급의 분노 때문이라는 사실에 많은 사람이 동의하고 있습니다. 백인 노동자 계급은 어떤 사람들입니까?

백인 노동자 계급은 전체 미국인의 53퍼센트를 차지하는 중산층 백인 노동자들을 지칭합니다. 노동자 계급이라고 명명했지만 실제 소득수준을 보면 전통적인 노동자 계급이라기보다는 중산층을 가리킵니다. 특히 미국에서는 노동자 계급이라는 표현이 중구난방으로 사용되어 다소 혼란을 주는데요. 제가 백인 노동자 계급이라고 부르는 사람들은 평균적으로 가구당 연봉이 7만 5000달러(약 8400만 원)를 웃도는 전형적인 미국 중산층입니다.

중산층 모두가 백인이라는 의미는 아니지요?

네. 중산층을 구성하는 인종은 다양합니다. 물론 백인 노동자 계급과 유색인종 노동자 계급 사이에는 유사점도 많고 차이점도 있습니다. 그중에서 백인 노동자 계급이 이렇게까지 중요한 이유는 그들이 도널드 트럼프를 대통령으로 뽑은 사람들이기 때문입니다.

그렇다면 중산층에서 백인의 비율은 어느 정도입니까?

글쎄요. 그 비율은 주마다 다를 텐데요. 미국에서 대통령을 뽑을 때 먼저 각 주에서 코커스(당원 대회)와 프라이머리(예비 선거)를 통해 대의원을 선출하면, 그 대의원들이 전당대회에서 최종적으로 후보자를 지명합니다. 그리고 각 주에서 일반 유권자가 직접 투표로 대통령 선거인단을 선출하지요. 이 선거인 수는 주별 인구 비례에 따라 결정되며, 대부분 주에서는 한 표라도 많은 표를 얻은 후보가 선거인단 전체의 표를 가져가는 승자독식 방식 Winner-Take-All을 채택하고 있습니다. 주의 선거인은 어느 후보자(혹은 어느 당)에게 투표할지 미리 정해놓기 때문에 선거인단 선출 투표만으로도 민의를 파악할 수 있습니다.

각 주의 투표 결과에 따라 대통령이 결정되니까 주의 파워가 막강해요. 그러니 백인 중산층의 투표 참여율이 높습니다. 미국 전체 지도에서 선거 결과를 색으로 구별하면 동쪽과 서쪽 해안가 및 섬 지역은 푸른색(민주당)으로 물드는 반면, 내륙 지방은 모두 붉은색(공화당)으로 도배됩니다. 이 결과는 전반적으로 백인 중산층에 의해 갈립니다.

백인 노동자 계급은 왜 분노하는가

◇◇◇◇◇◇◇◇

앞서 백인 노동자 계급의 분노에 대해 언급했는데, 그들은 구체적으로 무엇에 화를 내는 것입니까?

트럼프가 당선된 것은 미국 내륙 지방의 몇몇 주에서 나온 7만 7000표 덕분이었습니다.(당시 힐러리는 총득표에서 300만여 표 더 얻었으나 트럼프가 펜실베이니아에서 4만여 표, 위스콘신에서 2만여 표, 미시간에서 1만여 표라는 근소한 차로 앞서 해당 주의 선거인단 표를 가져감으로써 결국 승리했다.—옮긴이) 그 주들은 한때 미국 제조업의 심장부였던 지역으로 백인 노동자들이 중산층을 형성하던 동네입니다. 그들은 노동조합 소속으로 전통적으로 민주당을 지지해 왔습니다.

그런데 그들의 삶은 이미 아메리칸드림과 점점 멀어지고 있어요. 1940년대에 태어난 대부분의 미국인은 자기 부모보다 수입이 늘었지만, 오늘날에는 그 수가 절반 이하로 줄어들었습니다. 본인이 그 입장이라면 화가 날 만도 하지 않나요? 분노의 원인은 여러 곳에 있습니다.

제2차 세계대전 이후 미국 경제는 대체로 성장 일로를 걸었지만 세계화와 자유무역이 낳은 막대한 부는 극소수의 엘리트들에게 쏠렸습니다. 오히려 제조업이 몰락하고 일자리가 감소하면서 노동자들은 생계를 위해 빚을 지게 되었지요. 그들이 화를 내는 것도 당연해요.

하지만 그런 중산층 사람들은 트럼프 같은 상위 1퍼센트의 부자들을 존경하지 않습니까?

분명 그래요. 그래서 더 이해하기 어려운 건지도 모릅니다. 그들은 부유층을 존경하면서도 전문직이나 관리직 엘리트, 예를 들어 자신들을 부려먹는 공장 감독관이나 간호사에게 무례한 말을 일삼는 의사에게는 분노합니다. 특히 전문직과 접촉할 기회가 많은 블루칼라(육체노동자)나 핑크칼라(점원, 은행 창구원, 식당 종업원

조앤 윌리엄스

등 서비스업 종사자)는 날마다 전문직 종사자에게 무시당한다고 느낍니다. 그들이 도만 닦고 있지는 않겠지요.(웃음)

또 제가 '계급 이주class migrant'라고 부르는 것이 있습니다. 계급 이주자는 블루칼라 가정에서 태어나 전문직에 종사하게 된 사람들을 말하는데요. 많은 계급 이주자들이 대학교에서 교수에게 멸시에 버금가는 대우를 받았다고 이야기합니다.

한때 미국에서 육체노동자의 일은 고결한 것으로 존경받았는데, 1970년대부터 남성 육체노동자를 향한 고정관념은 상당히 모욕적으로 변하기 시작했습니다. 1970년대에 상영된 〈올 인 더 패밀리All in the Family〉라는 유명한 텔레비전 드라마를 보면, 남성 육체노동자가 인종차별주의자, 여성 혐오자, 바보에 뚱뚱한 사람으로 묘사됩니다.

미국 육체노동자들은 전문직 자리에 앉기를 꿈꾸지 않습니다. 그들은 주어진 자신들의 삶에 충실하고 싶을 따름입니다. 이미 독자적인 문화를 이루며 안정적으로 살고 있으며 그것을 명예롭게 생각합니다. 굳이 낯선 문화 속으로 뛰어들고 싶어 하지 않아요.

노동자 계급과 전문직 사이에는 상당히 깊은 골이 있다는 인상을 받네요.

이들의 삶은 문화적으로 상당히 많이 달라요. 전문직은 개인의 업적, 성공, 자기 계발을 상당히 중요하게 여기고 모든 분야에서 앞서가고 싶어 합니다. 한편 중산층 노동자 계급은 안정과 자아 실현을 중요하게 여깁니다. 특히 안정성은 삶을 지탱해주는 굉장히 소중한 가치로 간주됩니다.

이런 양자의 가치관 차이는 문화의 차이로 이어집니다. 음식 하나에서부터 다르지요. 노동자들은 오랜 세월 동안 검증된 음식을 푸짐하게 먹는 것을 선호하는 반면, 전문직 엘리트들은 이국적인 음식을 조금씩 맛보는 것을 선호합니다. 그것이 훨씬 세련되었다고 생각하거든요.

왜 전문직 엘리트가 아니라 중산층 노동자 계급이 트럼프를 지지하는 것입니까?

그들에게 미국인이란 '나다운 나'입니다. 트럼프 대통령은 그런 부류에 완벽하게 들어맞는 인물이고요. 투박하고 직설적인 그의 화법은 노동자 계급에게 높은 점수를 얻었습니다. 반면에 오바마 전 대통령의 말투는 엘리트 그 자체였지요. 상당히 계산되고 사려 깊은 말투에 논지까지 분명합니다.

조앤 윌리엄스

아메리칸드림은 이미 신화가 되었다

◇◇◇◇◇◇◇◇◇◇

일본에서 아메리칸드림이라 하면 노동자 계급 가정에서 태어나도 성공할 수 있다는 뜻으로 읽힙니다. 아메리칸드림은 이제 신화가 된 것인가요?

네. 이제 미국은 많은 다른 선진국보다 사회적 유동성이 낮습니다. 노동자 계급 대부분은 아메리칸드림을 꿈꾸면서도 한편으로는 부모보다 조금만 더 성공하는 데서 만족합니다. 현재 그들이 강한 분노를 느끼는 이유는 성공은커녕 기반조차 잃어버린 채 빈곤층으로 전락하고 있으며 자기 자녀들 또한 그러고 있기 때문입니다.

결국 아메리칸드림은 죽었다는 말입니까?

아직 건재합니다. 원래 꿈에 불과하니까요.(웃음) 하지만 유감스럽게도 미국이 처한 상황은 매우 절망적입니다. 중산층에서 같은 나이에 부모 세대가 번 돈보다 더 많은 수입을 가져가는 사람이 50퍼센트에도 미치지 못하는 현실이 성장 욕구를 잠식시키고 깊은 고뇌에 빠지게 만들지요.

처음부터 꿈에 불과했음을 알아버렸으니 남는 것은 절망과 분노뿐일지도 모르겠군요.

미국의 엘리트들은 사회 불평등에 관심을 갖는 스스로를 자랑스러워하나, 정작 계급에 대한 이해는 낮습니다. 그들은 자신의 출발점이 다르다는 점을 생각하지 못합니다. 자신들이 전문직이나 관리직에 있는 이유는 본인이 똑똑하기 때문이라고 믿거든요. 하지만 사실은 다릅니다. 그들이 진정 계급 문제를 이해하려면, 본인이 태어나면서부터 이미 3루에 서 있었음을 인정해야 합니다. 자신이 3루타를 쳐서 3루까지 달린 것이 아니라 처음부터 그곳에 있었고, 따라서 날 때부터 타석에 서보지도 못한 사람에 비하면 홈베이스를 밟을 확률이 훨씬 높다는 사실을 말이죠.

일본에서도 조사 결과 고학력자는 부모의 소득이 비교적 높다는 것이 입증되었습니다.

미국의 엘리트들은 마음 한구석에서 현재 자신들의 지위가 노동자 계급보다 더 뛰어난 능력과 더 많은 노력에 기인한 결과라고, 아주 크게 착각하고 있습니다. 그리고 이런 착각이야말로 노동자 계급의 존엄성을 앗아가고 있지요. 존엄성을 잃은 사람, 특히 존엄성을 잃은 남성만큼 위험한 존재는 없습니다.

조앤 윌리엄스

나날이 몰락하는 중산층

◇◇◇◇◇◇◇◇

미국에서 사회 불평등이 점점 심해지는 듯합니다.

20세기 초 미국의 불평등 지수는 매우 높았지만 제2차 세계대전 이후 1970년대까지는 부모보다 자녀들이 훨씬 더 많은 수입을 가져가는 세상이 펼쳐졌습니다. 거의 모든 백인에게 해당되는 이야기였죠.(비록 흑인에게는 먼 나라 이야기였지만요.)

그런데 최근 40년 사이에 상황이 완전히 바뀌었습니다. 민주당은 중산층의 몰락을 막지 못했습니다. 공화당 역시 '(경제적인 몰락은) 당신 탓이 아니다.'라고 달랠 뿐이었죠. 민주당의 관심은 성차별, 인종차별, LGBTQ(성 소수자)* 문제를 해결하는 쪽으로 옮겨갔습니다. 엘리트 계층은 무엇이든 최첨단을 좋아했고 가족적이고 전통적인 가치를 중시하는 노동자 계급의 문화를 무시해왔죠.

미국 사회는 비교적 남녀가 평등하지 않습니까?

일본과 비교하면 그럴지도 모르겠지만 미국의 어느 조직을 보

---

* 레즈비언(Lesbian, 여성 동성애자), 게이(Gay, 남성 동성애자), 바이섹슈얼(Bisexual, 양성애자), 트랜스젠더(Transgender, 생물학적 성과 정신적인 성이 반대라고 생각하는 사람), 퀘스처닝(Questioning, 성 정체성을 확립하지 못해 스스로 질문하는 것)의 영문 첫 글자를 조합해 성 소수자를 가리키는 말.

더라도 특정 가문 출신의 백인 남성이 압도적 우위를 점하고 있습니다. 최상위 계급에서는 우리 상상 이상의 차별이 존재할지도 모릅니다.

단지 일본의 고용 시장에서는 정규직과 비정규직 간의 구별이 있고 정규직 직원은 근로시간을 초과해 일하며 상사와의 술자리에서도 눈치가 보여 자유롭게 빠지지 못한다고 들었습니다. 미국에서는 그런 일이 없습니다. 근로 문화가 일본만큼 권위적이지 않아서 여성에게도 성공할 기회가 더 많이 열려 있다고 볼 수 있죠.

힐러리는 계급에 대해 몰라도 너무 몰랐다

◇◇◇◇◇◇◇◇◇

트럼프에게 표를 던진 백인 노동자 계급은 여전히 트럼프를 지지합니까?

상당수가 지지를 유지하고 있습니다. 트럼프 지지자에게는 강한 충성심이 있습니다. 대선 중에 트럼프가 "내가 뉴욕 5번가 한복판에서 총으로 사람을 쏴도 유권자들은 나를 지지할 것이다."라고 한 말을 기억하나요? 그 정도로 맹목적입니다. 그렇다면 트럼프의 인격을 높이 사는 것이냐? 그건 절대 아닙니다만, 적어도

조앤 윌리엄스

트럼프가 기존의 엘리트들처럼 위선적이지 않고 진솔한 사람이라고 생각하죠.

젠체하며 돌아다니고 거드름을 피우며 독설을 내뱉는 트럼프의 골목대장 같은 행태는 지금껏 정치에 소외된 사람들을 매료시켰습니다. 트럼프는 그들의 일상 언어로 소통하며 인간의 원초적 본능을 자극했죠. 반면 민주당은 미래의 청사진을 보여주며 유권자를 설득하는 데 실패했기에 트럼프에 졌습니다. 민주당은 반성해야 한다고 생각합니다.

만일 민주당 전당대회에서 힐러리 클린턴이 아니라 버니 샌더스Bernie Sanders*가 후보자 지명을 받았다면 2016년 대선에서 이겼을까요?

글쎄요. 대통령 선거운동은 굉장히 힘든 고난의 과정입니다. 끊임없이 정적들의 비난을 받아야 하죠. 샌더스는 그런 걸 실제로 겪어본 적이 없습니다. 따라서 샌더스가 민주당 후보자였다면 어땠을까 하는 질문은 실제에 반하는 추리라 확실하게 답하기가 어렵네요.

---

* 버몬트주의 연방상원의원으로 오랫동안 무소속이었으나, 2016년 대선에서는 민주당 후보로 예비선거에 뛰어들어 힐러리 클린턴과 접전을 치렀다. 사회 보장 제도 확충 등 급진적인 경제 정책을 주장하며 주로 젊은이들의 지지를 많이 받았다.

다만 그는 경제적인 불안에 힐러리보다 현명하게 접근했습니다. 젊은이들 사이에서 대학교 학자금 대출은 상당히 큰 부담입니다. 그는 이 부분을 잘 이해하고 있었기 때문에 대학 무상 교육 공약을 주장할 수 있었던 것이죠. 브루클린의 가난한 노동자 가정에서 자랐기 때문에 그런 경제적인 불안이 얼마나 삶을 피폐하게 만드는지 너무도 잘 알았습니다.(반면 힐러리 클린턴은 비교적 부유한 가정에서 태어나 엘리트 교육을 받고 성장했다.—옮긴이)

힐러리 클린턴은 회고록 『무슨 일이 있었나What Happened』(국내 미출간)에서 대통령 선거 과정에 일어난 일을 당사자의 시점으로 기록했습니다. 개인 이메일 스캔들 재조사를 통보하는 제임스 코미 전 FBI 국장의 서신이 투표하기 11일 전에 나온 것을 비롯해 러시아의 개입 등을 패배의 원인으로 보고 있더군요.

힐러리 클린턴 패배 요인은 한두 가지가 아닙니다. 하지만 비난의 화살이 힐러리에게만 쏠려서는 안 됩니다. 가장 큰 패배의 책임은 40년이나 태만했던 민주당이 짊어져야 합니다. 민주당이 손 놓고 있는 사이에 공화당은 전세를 가다듬고 전장에 뛰어들어 미국 내륙 주들을 붉은색으로 물들였습니다. 힐러리 클린턴은 공화당의 열정 앞에 무릎을 꿇은 셈입니다. 저도 민주당원이지만 지금까지 아무것도 하지 않은 채 몇 번이고 같은 실수를 반복해온

조앤 윌리엄스

민주당이 부끄럽습니다.

물론 클린턴 패배 요인에는 트럼프 당선을 유도한 러시아의 여론 개입도 한몫했습니다. 코미 전 FBI 국장이 연방의회에 편지를 보내 이메일 스캔들을 다시 조사하겠다고 통보한 것도 있고요. 그가 여성이었던 점도 들 수 있습니다. 하지만 무엇보다도, 그는 계급에 대해 무지했기에 패배했습니다.

분열하는 미국

◇◇◇◇◇◇◇◇◇

정체성 정치identity politics에 관해 묻겠습니다. 원래 이 용어는 인종, 젠더, 종교, 계급 등을 이유로 억압받고 소외당한 집단이 스스로의 권리를 주장하는 정치를 말하는데요. 과거에는 백인을 제외한 인종이 사용했는데, 최근에는 백인들도 쓰더군요.

정체성 정치라는 개념은 인종이나 젠더에 대해 구조적 격차가 미국에 존재한다는 사실을 적나라하게 보여줍니다. 혹자는 이 표현이 상당히 구태의연하며 현 문제 상황을 야기한 원인이기에 버려야 한다고 주장하기도 합니다. 하지만 인종과 젠더를 연구하는 저 같은 사람에게는 당혹스러운 주장입니다. '지난 40년간 여성이나 유색인종을 위해 한 일은 평등과 상당히 거리가 멀다. 그러니 이번에는 백인을 화제로 삼아보자.'는 말로 제게는 들립니다.

많은 사람들이 백인이 사회에서 얼마나 높은 자리를 차지하고 있는가에 대해 너무도 관대하게 말합니다. 전술한 것처럼 미국의 어느 조직을 보더라도 최상위층에는 백인 남성이 압도적으로 많습니다. 하지만 거의 모든 백인이 그런 특권층의 혜택을 누리지 못하고 있다는 것도 분명 사실입니다. 그런 격차는 대부분의 백인이 엘리트 백인들과 달리 처음부터 불리한 입장에 놓여 있기 때문에 발생합니다. 우리가 사회 불평등에 관해 제대로 말하고자 한다면 그들까지 모두 염두에 두어야 할 것입니다.

최근에 미국 사회를 설명할 때 '분극화'라는 말이 자주 등장합니다. 이 점에 대해 어떻게 생각하십니까?

분극화는 '팩트 fact(사실)'입니다. 미국에서 이런 일이 발생하는 이유 중 하나는 컴퓨터 때문입니다. 컴퓨터가 아무도 예상하지 못했던 결과를 초래했습니다.

컴퓨터라니 정말 기이하게 들리는군요.(웃음) 무슨 의미입니까?

미국에서는 10년마다 인구센서스(인구 주택 총조사)가 시행됩니다. 그 결과를 토대로 행정구역을 재편하고 선거구와 의석수를

조앤 윌리엄스

조정하는 거죠. 이때 컴퓨터를 이용해서 대부분이 공화당원뿐인 구역이나 민주당원뿐인 구역을 만들 수 있습니다. 그래서 정치가 이렇게까지 극단적으로 치우친 것입니다.

결국 정치인들은 보수와 진보 사이에서 어정쩡하게 중도에 위치해 있으면 당선되기 어려우니 철저하게 한쪽으로 기웁니다. 공화당원은 민주당원보다 훨씬 일찍 그 사실을 인지하고 있었습니다. 그래서 공화당은 민주당 텃밭에서 세력을 키우려고 애쓰기보다 공화당이 이길 확률이 높은 지역에 집중적으로 전력을 쏟아부은 것이죠.

계급이 민주주의를 바꾼다

◇◇◇◇◇◇◇◇◇

『백인 노동자 계급』이라는 책을 출간했을 때 반응은 어땠습니까? 책을 집필한 계기는 무엇이었나요?

이 책에서는 인종과 젠더에 관해 폭넓게 다루었는데요. 출간 당시에는 모두가 놀란 모양이었습니다. 도대체 어디서 이런 책이 굴러 들어왔나 싶었겠죠.(웃음)

이 책은 도널드 트럼프가 대통령에 당선된 것을 계기로 쓰게 되었습니다. 미국에서 사회 불평등을 연구하는 사람들 대부분은 주로 젠더와 인종에 전착합니다. 사회 계급을 연구하는 경우는 극히 드물죠. 그와 달리 저는 사회 계급을 포함해 여러 불평등 요소에 두루두루 흥미가 있었는데 그런 제 개인적인 성향이 기존에 나온 책들과 다른 결과물을 낳은 것 같습니다. 저는 여러 요소들이 어떻게 상호작용하며 서로를 강화하고 불평등을 심화시키는지에 관심이 많습니다.

미국은 자유와 평등, 그리고 아메리칸드림을 실현할 수 있는 '풍요와 기회의 땅'으로 간주되었습니다. 오랜 기간 이상적인 사회로, 모범적인 국가로 그려졌지요. 그런 미국에서 뭔가 수상한 움직임이 일고 있는 것처럼 보입니다.

제가 사회 불평등에 관해 연구한 지가 40년 정도 되었습니다. 사실 저 자신도 전문직 가정에서 나고 자랐는데요. 40여 년 전에 백인 노동자 계급의 배우자와 결혼해 그쪽 문화를 경험한 적이 있습니다. 이후 양자의 문화적 차이를 좁히려고 노력했지요.

2016년 대선 전만 해도 미국에서 이 주제에 관심을 가진 사람은 20명 정도에 불과했을 걸요.(웃음) 실제로 이런 문화적 차이를 논한 책을 2009년에 출간했을 때는 아무도 귀 기울이지 않았어요. 민주당이 명심해야 할 주제였지만 안타깝게도 그러지 않았습니다.

조앤 윌리엄스

그러더니 이번 대선에서 제가 우려했던 일이 실제로 일어났습니다. 트럼프가 대통령에 당선되니 더는 두고 볼 수 없더군요. 그래서 순식간에 책을 완성했습니다. 그러자 많은 사람들이 드디어 이 문제에 관해 이야기해주었다면서 격려의 편지를 보내더군요. 뒤통수를 얻어맞은 것 같다는 내용의 편지도 많았습니다. 솔직히 트럼프가 대통령이 되기를 바라지는 않았지만, 그 덕에 공교롭게도 이 문제에 모두 관심을 기울이기 시작했지요.

정말 예기치 못한 결과를 초래했군요.

트럼프가 대통령에 당선되니 그제야 사회 계급이 미치는 영향력에 관한 논의가 수면 위로 올라온 것입니다. 계급의 중요성을 뒤늦게나마 깨달은 것을 그나마 다행으로 여기고 있습니다.

7장

◇◇◇◇◇◇◇◇◇

혐오와 갈등은
사회를 어떻게 분열시키는가

"지금 미국 사회가 직면한 가장 큰 문제는 분극화입니다. 많은 미국 국민들은 자기 나라가 다민족, 다문화 국가임을 인정합니다. 한편 그 수가 많지는 않지만 다민족, 다문화 국가로서의 미국에 확고한 반대 의사를 표명하는 국민도 있습니다. 양자 사이에는 커다란 균열이 존재합니다."

넬 페인터 Nell Irvin Painter

하버드 대학교와 캘리포니아 대학교를 졸업했다. 미국 역사가 협회 및 미국 남부사 학회 회장을 역임했으며 현재 프린스턴 대학교 명예 교수이자 미국 과학 아카데미 회원이다. 미국 인종사 전문가로 『백인의 역사(The History of White People)』(국내 미출간) 등을 썼다.

◇◇◇◇◇◇◇◇◇◇

넬 페인터는 프린스턴 대학교에서 명예 교수로 재직 중이며 전문 분야는 미국사이다. 『인종차별을 둘러싼 남부 역사Southern History Across the Color Line』(국내 미출간), 『검은 미국을 창조하다Creating Black Americans』(국내 미출간), 『백인의 역사』 등 인종 관련 책을 많이 썼다. 그중에서도 『백인의 역사』는 백인이라는 개념의 역사적 변천 과정을 보여줌으로써 지금까지 막연하게 이해하던 백인에 대해 다시 생각해보게 만드는 책이다.

페인터 교수는 "오바마가 대통령에 당선되지 않았다면 트럼프 역시 대통령이 되지 못했을 것"이라고 단언한다. 지금까지 인종차별은 백인에 의한 차별을 의미했다. 그런데 오바마가 대통령이 된 후 오히려 백인이 차별받는다는 피해 의식이 생겼고 그 불만과 분노가 폭발해 결국 2016년 트럼프 대통령이 당선된 것이다.

지금까지 주류 세력이었던 백인들, 공화당을 지지하는 백인들 대부분은 자신들이 차별받고 있고, 마땅히 받아야 할 존경을 받지 못하고 있으며, 또 부당한 대우를 받고 있다고 느낀다. 지금 미국 사회에는 이들을 둘러싼 갈등의 골이 상당히 깊다.

더욱이 페인터는 확실한 승리를 예견했던 힐러리가 트럼프를 상대로 예기치 못한 패배를 당한 것은 미국에 존재하는 여성 혐오 때문이라는 견해를 피로한다. 미국이 남녀평등 국가라고 생각하는 사람들이 많지만, 그 속을 들여다보면 철저한 남성 중심 사회임을 여러 증거를 통해 알 수 있다. 힐러리 클린턴의 참패는 그 사실을 방증하는 한 예일 뿐이다.

과거의 경험을 비추어보면 지금 미국에서 일어나는 변화는 10년, 20년 후 일본이 직면할 변화이기도 하다. 그때를 대비한다는 측면에서 페인터 교수의 예리한 분석을 귀담아 들을 필요가 있다.

닐 페인터

❖❖❖

백인이란 누구인가

◇◇◇◇◇◇◇◇◇

우선 본 주제로 들어가기 전에 『백인의 역사』에서 교수님이 전개한 논지를 알려주십시오. 백인을 뭐라 정의해야 합니까?

백인의 정의는 언제, 어떤 목적으로 사용되느냐에 따라 달라집니다. 원래 인종이란 것은 개념에 지나지 않으며 생물학적으로 존재하지 않습니다. 그럼에도 생물학적 인종 개념이 만들어지고 공고해지면서 인종에 따라 육체뿐 아니라 기질까지 다르다는 뿌리 깊은 편견이 만연하게 된 것입니다.

오바마가 없었으면 트럼프도 없었다

◇◇◇◇◇◇◇◇

교수님이 쓴《뉴욕 타임스》2016년 11월 13일 칼럼을 보면 이 번 미국 대선에서 '백인이라는 정체성White identity'이 전환점이 되었다고 나옵니다. 구체적으로 어떤 의미인가요?

트럼프의 선거운동을 한마디로 하면 '흑인의 힘'에 대한 반동이라고 할 수 있습니다. 보통 흑인의 힘이란 단어를 사용할 때 'Black Power'와 같이 첫 글자를 대문자로 사용하는데, 저는 'black power'와 같이 소문자로 씁니다. 이로써 강한 억압이나 법적 차별, 구조적 빈곤에서 비롯된 저항이라는 보편적인 의미를 가진 단어가 됩니다. 흑인을 포함해 유색인종이 차별을 극복해온 것과 거의 비슷하게, 지금은 백인이라는 이름 아래 반동의 에너지가 모이고 있습니다.

2016년 대선의 막이 오르자마자 백인의 불만, 백인의 민족주의, 백인의 힘white power 같은 슬로건이 이상하리만치 부상하더니 그 움직임에 운 좋게 편승한 도널드 트럼프가 결국 대통령이 되었습니다. 이와 비슷한 현상을 역사 속에서 살펴보면 1960년대 리처드 닉슨Richard Nixon*의 남부 전략(남부 지역 백인의 표를 얻어 전

---

* 제37대 미국 대통령. 임기는 1969년~1974년이다. 베트남 전쟁에서 철수하고 소련과의 긴장 완화를 실현하는 등 '닉슨 외교'라 불리는 적극적인 외교 정책을 펼쳤다.

넬 페인터

국을 제패한 선거 전술―옮긴이)을 꼽을 수 있습니다. 당시 공화당은 원래 민주당 텃밭이었던 남부 지역에서 민주당이 흑인의 목소리에만 귀 기울이고 오히려 백인을 차별한다고 선전해 백인 유권자들의 지지를 받았고 결국 승리했습니다. 하지만 당시 닉슨의 전략은 트럼프만큼 백인의 불만이나 민족주의를 겨냥하지 않았습니다.

버락 오바마가 대통령에 당선되지 않았다면 트럼프 역시 대통령으로 뽑히지 않았을까요?

그렇습니다. 트럼프와 공화당은 2016년에 승리를 거머쥐고 나서 2017년까지 무려 1년간 주요 법안을 통과시키지 않았습니다. 대신 이 시기에 오바마가 했던 모든 것을 되돌리는 데 열중했습니다.(당시 트럼프 대통령의 정책 기조는 ABO Anything But Obama라는 말로 표현된다.―옮긴이) 어느 정도냐면 트럼프는 취임 첫날부터 오바마 정부의 핵심 정책이었던 오바마케어(전 국민의 의료보험 가입 의무화를 골자로 하는 사회 보장 법안―옮긴이)를 폐지하겠다고 공언해왔죠. 물론 아직까지 완전히 성공하지는 못했지만요. 공화당은 오바마라는 이름이 무조건 싫은가 봅니다.

백인이라는 울타리는 계속 바뀌었다

◇◇◇◇◇◇◇◇◇

대학생일 때 스스로를 다른 인종보다 뛰어나다고 자부하는 특
권층 백인을 와스프White Anglo-Saxon Protestant, WASP라고 한다고 배웠
습니다. 그런 것을 보면 미국에서 백인이라고 해도 다 같은 백인
은 아니라는 생각이 드는데요.

와스프는 20세기 말에 자주 거론되었는데 파워엘리트층에 속
한 백인 개신교도를 가리키는 사회적 용어로, 어느새 앵글로색슨
족이 아닌 서유럽 백인도 포괄하기 시작했습니다. 원래 1970년
대까지만 해도 '~계 미국인'이라 불린 사람은 와스프에 속하지
않았습니다.

백인이라는 정체성이 포괄하는 민족은 역사적으로 변화해왔습
니다. 미국의 경우 20세기 초에는 많은 종류의 백인 중 튜턴족(독
일, 네덜란드, 스칸디나비아 등지에 정착한 게르만족 일파)이나 색슨족
또는 앵글로색슨족(독일 지방에서 유래해 잉글랜드에 정착한 게르만족
일파)이 우월하다는 생각이 지배적이었습니다. 조상이 켈트족인
아일랜드계, 스코틀랜드계 백인을 비롯해 이탈리아, 그리스 등 동
부와 남부의 가난한 백인들은 정착 초기 열등한 백인으로 분류되
어 차별받았습니다.

하지만 나중에는 흑인이나 아시아인과 구별되는 집단으로 그들

모두가 같은 백인으로 인식되었습니다. 백인들은 자기들이 다른 인종보다 상대적으로 우월하다는 믿음을 암묵적으로 공유해왔습니다. 그런데 흥미롭게도 2016~2017년에 백인들 중에서 '우리가 희생자'라는 목소리가 나오기 시작했습니다. 특히 백인 공화당 지지자 대부분이 차별받고 있다고, 즉 '백인이 인종차별의 희생양'이라고 목소리를 높였죠. 그들은 존경은커녕 굴욕과 멸시를 받고 있다고 말합니다.

정체성 정치와 백인

◇◇◇◇◇◇◇◇◇

2017년 즈음부터 미국에서 정체성 정치라는 말이 심심치 않게 등장합니다. 과거에는 비백인 사이에서 사용한 표현인데 최근에는 그 의미가 변하는 추세인 것 같습니다.

그렇더군요. 정체성 정치는 젠더, 인종, 민족 등의 정체성 때문에 차별과 억압을 받아온 집단이 스스로의 권리와 이익을 주장하는 것을 말합니다. 2016년까지 정체성 정치에서 정체성의 주체는 여성, 흑인, 소수 민족, 장애인, 동성애자 등이었습니다. 그런데 지금은 백인까지 그 주체가 되었습니다.

《뉴욕 타임스》의 칼럼니스트인 찰스 블로Charles M. Blow 또한 최근 글에서 "정체성 정치란 원래 인종이나 성적 지향으로 인해 부당한 차별을 받던 사람들이 공민권을 요구하는 것을 가리키는 말 아니었던가."라고 썼더군요. 그런데 오늘날 트럼프 정부 아래서는 백인 남성을 위한 정체성 정치가 행해지는 듯해요.

그래서 《뉴욕 타임스》 2016년 11월 12일 칼럼에서 과거 백인은 인종 개념에서 자유로운 주류 세력이라는 정체성을 가졌지만 지금은 백인이라는 분명한 인종 정체성을 갖게 되었다고 쓴 건가요?

네. 백인 우월주의자들은 자기들이 다른 인종에 비해 훨씬 뛰어남에도 불구하고 충분히 인정받지 못하다고 느끼고 강하게 분노하고 있습니다. 상당수의 백인, 특히 공화당원은 자신들이 희생자라고 생각합니다.

자신들이 차별받고 있다고 말하는 백인을 가리켜 새로운 흑인이라 칭하는 사람도 있더군요.

이렇게 많은 백인이 본인을 희생자라고 하니까 맞는 말인지도 모르겠네요.(웃음) 하지만 평균수명, 재산, 가계소득, 정계나 재계 상위층에서의 백인 비율 등을 보면 그들의 불만은 전혀 공감을 얻기 힘들죠.

넬 페인터

백인 우월주의자는 누구인가

◇◇◇◇◇◇◇◇◇

트럼프가 대통령이 되기 전부터 백인 우월주의라는 단어가 미디어를 떠들썩하게 했습니다. 백인 우월주의자는 트럼프 덕분에 추진력을 얻었다고 공공연히 말하고 다니고요. 백인 우월주의를 어떻게 정의할 수 있습니까?

백인은 타 인종과 비교했을 때 태생적으로 우수하며 지적 능력이 뛰어나고 외모도 출중하다는 믿음을 백인 우월주의라고 할 수 있습니다. 20세기 초, 제국주의 시대에는 백인 민족에게 타 민족을 지배할 자격이 있다고 보기도 했죠. 백인 우월주의에는 백인이 '본질적으로' 다른 인종보다 우위에 있으며 애초에 그런 성질을 타고났다는 생각이 저변에 깔려 있습니다. 그들의 논리에 따르면 똑같이 마약 중독으로 죽어도 백인이면 구조적, 사회적 책임을 묻고 흑인이나 황인종이면 개인적인 결함을 탓하며 범죄자라고 비난하는 게 이상하지 않지요.

백인 우월주의의 역사는 상당히 길군요. 트럼프 대통령 등장과 백인 우월주의는 어떤 관계로 봐야 하나요?

트럼프는 백인 우월주의에 호소해 대통령에 선출된 것입니다.

백인 우월주의자들 눈에는 2008년 오바마가 대통령에 당선된 후 흑인은 약진한 듯 보였습니다. 반면 백인이라고 해서 무조건 직업을 구한다는 보장은 사라졌죠. 그 공포가 선거판을 뒤흔든 건 사실 이번만이 아니었습니다.

공화당 보수파의 중역인 제시 헬름스Jesse Helms가 활약하던 1980년대에 저는 그의 고향이자 지역구인 노스캐롤라이나에 살고 있었습니다. 그는 노골적인 인종차별 발언을 자주 하는 것으로 유명했는데요. 1990년 연방상원의원 선거에서 민주당 후보자인 하비 갠트Harvey Gantt와 경쟁 중이던 그의 선거 캠프는 백인이 얻지 못하는 일을 흑인이 얻는다는 광고(백인의 흰 손이 일자리 거절 편지를 꾸겨버리는 화면에 자격이 충분함에도 할당제 때문에 소수자에게 일자리를 내어주는 것이 과연 공평한가 하는 메시지를 포함했다.—옮긴이)를 내보냈고 그것이 먹혀들어 재선에 성공했어요. 그 일이 무엇이며 어떤 기준으로 선정되는지는 중요하지 않았어요. 백인 자리에 흑인이 끼어들 수 있다는 사실만 부각됐습니다. 백인이기만 하면 무슨 일이든 할 수 있어야 한다고 생각하는 백인 우월주의자들이 이 광고에 자극을 받아 공화당에 표를 던졌죠.

그럼 백인 우월주의는 언제부터 나왔습니까?

남북 전쟁 직후 자경단을 자처하며 흑인에게 무차별적인 폭

넬 페인터

력을 휘두른 백인 우월주의 단체인 큐클럭스클랜^{Ku Klux Klan}(일명 KKK단이라 불리며 백인임을 과시하기 위해 얼굴이나 몸에 흰색 천을 둘렀다.—옮긴이)이 1865년에 미국 남부에서 결성되었고 1867년 즈음 급성장했으니 1867년이라고 하는 게 맞을지도 모르겠네요. 남북 전쟁에서 북부가 승리하고 노예제가 폐지되자 인종 평등 개념을 믿지 않은 일부 남부 백인들이 이런 인종차별 범죄에 가담한 건데요. 이 단체는 율리시스 그랜트^{Ulysses Simpson Grant} 대통령 시기(1869~1877년)에 새롭게 제정된 연방법에 따라 불법 폭력 단체로 규정되어 진압됩니다.

　백인 우월주의의 시작은 그럴지언정, 현재의 미국에서 그들은 소수파라는 점을 잊어서는 안 됩니다. 오바마 전 대통령이 2008년과 2012년, 두 번의 대선에서 압승한 이유는 인종을 불문하고 수천만, 수백만 명의 미국인이 오바마에게 투표했기 때문입니다.

트럼프로 인해 분극화가 수면 위로 떠올랐다

◇◇◇◇◇◇◇◇◇

버락 오바마가 대통령에 당선되었을 때 놀랐나요?

　그가 민주당 후보 자리를 놓고 백인인 힐러리 클린턴과 경합했을 때는 놀랐지요. 아이오와주 코커스에서 승리했을 때는 그렇게까지 놀라지 않았지만요.

지금 미국 사회가 직면한 가장 큰 문제는 분극화입니다. 많은 미국 국민들은 자기 나라가 다민족, 다문화 국가임을 인정합니다. 그들은 흑인에게 투표하기를 주저하지 않지요. 한편 그 수가 많지는 않지만 다민족, 다문화 국가로서의 미국에 확고한 반대 의사를 표명하는 국민도 있습니다. 양자 사이에는 커다란 균열이 존재합니다.

말씀하신 대로 분극화는 오늘날의 미국을 표현하는 대표 키워드라 해도 좋을 듯합니다. 민주당이 그런 조짐을 미리 알았다면 결과가 달라졌을 텐데요.

개개인의 정치적 성향이 항상 완전히 드러나는 것은 아닙니다. 때론 부분적으로 숨겨져 있기 마련이죠. 그래서 2016년 대선 패배 후에 민주당에서 여러 논의가 진행되었습니다. 노동자 계급의 표를 얻기 위해 민주당은 무엇을 해야 했는가와 같은 것들이 주제였죠. 힐러리는 노동자 계급에 속한 수백만 유권자들로부터 지지를 얻었지만, 민주당은 그들을 인종으로만 분류했습니다. 이를테면 같은 백인 안에서도 계급과 성별에 따라 천차만별인데 단순히 백인과 비백인으로 뭉뚱그리고 안일하게 선거운동을 한 거죠.

넬 페인터

백인 노동자의 대다수가 트럼프를 지지하는 쪽으로 기울었습니다.

저 역시 사람들이 '백인의 권리'에 대해 이야기하는 것을 수차례 들었습니다. 그러나 어렵게 생계를 이어가는 서른다섯 살 백인 트럭 운전사에게 백인의 권리 따위가 무슨 의미가 있을까요?

트럼프 대통령은 분극화를 더욱 악화시키고 있다고 보십니까?

지금 미국 사회가 앓고 있는 분열과 갈등은 갑자기 발생한 것이 아니라 보이지 않는 곳에서 옛날부터 곪고 있던 염증이 트럼프 대통령에 의해 터져 나온 결과라고 봐야 합니다. 트럼프 대통령 전에 백인들은 인종 정체성을 가질 필요가 없었습니다. 인종 개념에서 자유로운 순수한 개인으로서의 정체성을 갖는 것만으로도 충분했죠. 그런데 이번 대통령 선거 기간 중에, 특히 오바마 대통령의 정책을 비판하는 과정에서 많은 백인이 비로소 '우리가 바로 그 백인'이라고 의식하기 시작했습니다.

힐러리의 패배와 여성 혐오

◇◇◇◇◇◇◇◇

컬럼비아 대학교 저널리즘학과의 그웬다 블레어^{Gwenda Blair} 교수를 인터뷰한 적이 있는데, 그분은 미국이 여전히 '여성' 대통령을 꺼렸기 때문에 힐러리 클린턴이 패배했다고 말하더군요.

힐러리가 여성이라는 점이 큰 영향을 미치기는 했습니다. 미국도 미소지니^{misogyny}(여성 혐오)에서 자유롭지 않습니다. 최고의 자리에 여성이 오르는 것에 혐오감을 느끼는 사람이 있다는 말입니다. 힐러리의 개인 이메일 스캔들이 여러 차례 보도되었지만, 그렇게까지 추궁당할 일이었는지 모르겠습니다. 남성이었다면 다르지 않았을까 하는 생각도 듭니다.

또한 페미니스트 사이에서도 세대 간 분열이 존재합니다. 저처럼 '한물간' 페미니스트들은 모두 힐러리를 지지했으나 '신세대' 페미니스트들은 그러지 않았습니다. 힐러리에서 닮고 싶지 않았던 본인들의 엄마가 떠올랐기 때문이지요.

힐러리는 2017년 9월 회고록 『무슨 일이 있었나』를 출간했습니다. 그 책을 읽어보면 그가 대선 패배 요인을 자기 자신보다 외부에서 찾는다는 느낌을 받습니다.

넬 페인터

저도 읽어보았습니다. 저 또한 그녀의 패배에는 외적인 요인이 작용했다고 생각합니다.(웃음) 켄터키 대학교 여성학 교수인 수전 보르도Susan Bordo도 『힐러리 클린턴의 몰락The Destruction of Hillary Clinton』(국내 미출간)이라는 제목의 책을 출간했습니다. 흥미로웠던 점은 (다른 책들과 달리) 두 저자 모두 여성 혐오에 관해 언급했다는 것입니다. 개인적으로는 힐러리가 여성이었던 점이 2016년 대통령 선거에서 패배한 원인 중 하나라고 생각합니다.

미국을 위대하게, 미국을 하얗게

◇◇◇◇◇◇◇◇

2016년 대선을 뜨겁게 달군 '알트라이트Alt-Right(스스로 대안 우파alternative right라고 부른 데서 유래했다.—옮긴이)'에 관해 묻겠습니다. 알트라이트는 무엇입니까?

알트라이트는 온라인판 백인 우월주의라고 할 수 있습니다.(알트라이트 지지자들은 주로 인터넷 커뮤니티와 SNS를 통해 활동한다.) 그들이 오프라인에 모습을 드러낸 건 2017년 8월 버지니아주 샬러츠빌이었습니다. 당시 시 정부가 남북 전쟁 때 남부 연합군을 이끈 총사령관 로버트 리 장군 동상을 철거하기로 하자 백인 우월주의자들이 반대 시위를 벌였고 그들에 맞서 진보 세력도 모여

있었는데요. 그 와중에 백인 우월주의자가 모는 자동차가 진보
세력 진영에 돌진해 수십 명의 사상자가 발생한 끔찍한 사건이
터졌습니다. 비상사태가 선언될 만큼 혼란스러운 상황이었지요.

여기에서 행진하던 백인 우월주의자들에게 알트라이트라는 낙
인이 찍혔습니다. 저는 알트라이트를 현대 과학기술을 이용한 백
인 우월주의라고 생각합니다.

도널드 트럼프 대통령이 알트라이트 세력을 강화시킨다고 보
십니까?

물론입니다. 지금은 경질되었지만, 트럼프 대통령이 스티븐 배
넌Stephen Bannon(알트라이트 플랫폼을 자처하는 온라인 매체 〈브라이트바
트 뉴스Breitbart News〉 회장이었으며 트럼프 선거운동 본부의 최고 책임자
였다.)을 백악관에 끌어들인 것만 보아도 알 수 있습니다.

알트라이트 백인에게 "당신은 인종차별주의자입니까?"라고 묻
는다면 어떤 답을 들을까요? 물론 자기 입으로 인종차별주의자라
고 말하는 사람은 없겠지만요.

그들은 "저는 인종차별주의자가 아닙니다."라고 대답할 것입니
다. 백인 고용주가 아시아인이거나 유대인, 흑인이라는 이유를 들

넬 페인터

어 직원을 뽑지 않는다면 그가 인종차별주의자이고 편협한 사람인 것을 떠나서, 법을 위반한 것이 되어 큰 문제가 될 테니까요.

2017년 11월 14일《월 스트리트 저널》에 "FBI의 통계에 따르면 혐오 범죄가 증가하고 있다."는 내용의 기사가 실렸습니다. 어째서 지금 인종 혐오 범죄가 늘고 있다고 보십니까?

트럼프 대통령이나 그 주변 세력이 '백인이여, 거침없이 하고 싶은 대로 하라. 백인이라면 하고 싶은 일은 무엇이든 할 수 있다.'는 식으로 부추겼기 때문입니다. 트럼프가 "미국을 다시 위대하게 하라Make America Great Again."라고 한 말은 "미국을 다시 희게 하라Make America White Again."라는 의미였던 것이죠.

트럼프가 재선할 가능성은 어떻게 보십니까?

그건 잘 모르겠지만, 생각만 해도 소름이 돋는군요. 민주당은 현재 산산이 조각났습니다. 상황을 반전시키려면 당내 쇄신이 필요합니다. 모두 숨죽이고 있지만 말고 다음 중간선거 때(지난 2018년 11월 중간선거가 치러졌다.—옮긴이) 적극적으로 나서야 한다는 말입니다.

또 민주당원이 연방의원으로 선출되기 위해서는 교육위원회와 같이 당 비전이 영향력을 행사할 만한 곳을 공략해야 합니다. 2016년 대통령 선거에서 민주당이 패한 것은 얼핏 사소해 보이는 이런 과정을 무시했기 때문입니다.

앞으로 미국은 어떤 방향으로 나아가겠습니까?

3억 3000만 명의 미국인이 모두 같은 생각을 하는 게 아니니 미국이 도대체 어디로 향해 갈지 저도 잘 모르겠습니다. 반년 전보다 어느 정도 평정을 되찾은 것 같기는 합니다. 그동안 일어나는 일이 너무도 비현실적이어서 미국에 있는 것조차 견디기 힘들었던 저는 남편과 함께 캐나다에서 한 달간 요양까지 했답니다.

넬 페인터

8장

◇◇◇◇◇◇◇◇◇

핵 없는 동북아는
가능한가

"지금과 같은 상황에서는 북한은 비핵화에 합의한다고 해도 또다시 철회할 것입니다. 성공의 열쇠는 핵 억지력 외에 북한 체제의 존속을 보장해줄 다른 대체 수단을 찾아내는 것입니다."

윌리엄 페리 William J. Perry

© 오노 가즈모토(大野和基)

1927년에 태어나 1945년에 미국 육군 공병대 사병으로 일본에서 복무하면서 전후 일본을 몸소 겪었다. 1957년 펜실베이니아 주립대학교에서 수학 박사 학위를 받은 후 통신 및 군 기술 분야의 연구원, 민간 회사 경영진, 공무원 등의 다채로운 이력을 거쳐 카터 행정부 국방부 차관, 클린턴 행정부 국방부 장관을 역임했고, 현재 스탠퍼드 대학교 명예교수로 재직 중이다. 특히 1994년 북미 제네바 합의를 이끌어내 북핵 위기를 모면하는 데 일조했다. 퇴임 후에도 핵 없는 세상을 위한 활동을 계속하고 있으며, 저서로 『핵 벼랑을 걷다』(창비) 등이 있다.

◇◇◇◇◇◇◇◇◇◇

　동북아시아를 둘러싼 국제 정세가 급격히 변화하고 있다. 특히 2017~2018년에 걸친 북한의 태도 전환에 모두 허를 찔린 심정이었을 것이다. 연일 미사일을 발사하며 주변 국가들을 도발해온 북한의 김정은 최고위원장이 2018년 4월, 갑자기 한반도 전체 비핵화를 추진하겠다는 의사를 표명했으니 말이다. 도널드 트럼프 미국 대통령도 예기치 못한 사태에 간담이 서늘했으리라.

　윌리엄 페리는 빌 클린턴 행정부에서 국방부 장관을 역임했다. 1994년 북핵 위기 당시 그는 군사적 타격도 선택안 중 하나로 상정해놓기는 했지만 최선이라고 생각한 외교적 해결책을 이끌어내기 위해 애썼다. 당시 북한은 핵무기 개발을 진행하고 있었고 미국, 한국, 일본과 북한 간 긴장감은 극에 달했다.

결국 강도 높은 협상 끝에 북한의 핵 개발 동결을 약속하는 북미 제네바 기본 합의가 성사되며 북핵 위기는 일단락되었다. 만일 그 합의에 도달하지 않았다면 전쟁이 발발했을지도 모른다고 페리는 회고한다. 2017년 취재 당시 페리는 90세였지만 핵무기 없는 세상을 실현하는 데 열정적으로 매진하고 있었다.

2018년 북한의 비핵화 선언은 동북아시아 정세에 커다란 전환점이 될 것이다. 페리는 이번 비핵화 선언이 경제적 지원을 받아내기 위한 '쇼'라고 뼈아픈 충고를 하지만, 북한의 진정한 비핵화는 불가능하다 해도 최소한 당장 북한과 미국 사이에 전쟁이 발발할 위험은 낮아졌다고 할 수 있지 않을까 생각한다.

이 장은 책에서 유일하게 국제 정세를 다루고 있다. 북한 핵 문제는 동북아시아의 미래를 좌우할 아주 중요한 문제다. 과연 우리는 핵 없는 세상을 실현할 수 있을까.

특히 주목할 점은 페리가 시종일관 우발적 전쟁이 일어날 가능성을 우려하고 있다는 점이다. 지난 역사를 살펴보면 인간이 저지른 어리석은 실수는 너무도 많아 일일이 열거하기 벅차다. 국방부 장관으로서 숱한 외교교섭 현장에 있었던 페리의 날카로운 분석은 잠시 평화의 가능성에 도취되었던 우리에게 경종을 울린다. 한반도에 진정 평화가 도래할 것인가? 미국과 한국, 북한과 중국 등 관련 국가들의 행보가 앞으로도 주목된다.

❖❖❖

북한은 왜 갑자기 태도를 바꿨는가

◇◇◇◇◇◇◇◇◇

2018년 4월, 북한의 김정은 최고위원장과 한국의 문재인 대통령이 남북 경계선이 그어진 판문점에서 극적인 남북 정상회담을 진행했습니다. 지금까지 강경 노선으로 일관하던 북한이 자세를 낮춘 것에 세계는 놀라움을 금치 못했는데요. 절대로 핵무기 개발을 포기하지 않았던 김정은이 왜 한국과의 회담에 응했을까요? 경제 제재의 효과인가요?

김정은 위원장은 핵 억지력(열핵폭탄, 탄도미사일, 대륙간 탄도미사일을 포함한 핵무기 체계)의 주요 부분을 완성했습니다. 자국의 국제적 지위가 추락하고 경제가 몰락하는 것을 감내하면서까지 말이죠. 앞으로 그는 북한의 안전을 확실하게 보장받으면서 경제적 혜택을 얻고, 불량 국가라는 오명에서 벗어나 핵보유국에 걸맞은 국제 관계 재구축에 힘을 쏟겠지요. 이것은 아마 길고 험난한 여정이 될 것입니다. 한편 미국은 보다 조속한 비핵화를 기대하고 있습니다.

북한은 비핵화를 대가로 경제 지원을 원한다

◇◇◇◇◇◇◇◇

김정은의 속뜻은 무엇일까요?

그가 당장 이루고 싶은 목표는 전쟁 억지력을 발휘하기에 충분한 핵무기를 보유하면서도 비핵화에 상응하는 경제 지원을 받는 것입니다. 아마도 북한이 한국과 우호적인 남북 관계를 단단히 구축하고 미국으로부터 공격받지 않는다는 확신이 설 때까지, 즉 경제 및 대외 관계 정상화를 달성할 때까지 이어지겠지요. 하지만 현실은 그렇게 녹록해 보이지 않습니다.

지난 2018년 5월 16일 "북한이 한미 연합 공군 훈련 '맥스 선더 Max Thunder'에 반발해 남북 고위급 회담을 무기한 연기했으며, 미국에 대해서도 북미 정상회담 중지 가능성을 내비치면서 견제하고 있다."는 뉴스 보도가 있었는데요. 이런 소식을 들을 때마다 북한의 비핵화 과정은 멀고 지난한 길임을 깨닫습니다.

김정은 위원장에게는 체제 유지가 다른 모든 것을 압도하는 최우선 과제입니다. 그는 체제 유지에 꼭 필요한 도구가 핵무기라고 믿고 있지요. 그렇게 핵 무력 체계를 확보하는 데 열을 올리다 보니 북한의 민생 경제는 파탄이 났지요.

김정일을 비롯해 북한 지도자들은 비핵화 관련 합의를 모두 깨뜨렸습니다. 북한의 핵무기에 대한 강한 집착을 끊기 위해서는 어떻게 해야 할까요?

빌 클린턴이 이끌었던 민주당 정부는 1994년부터 북한과 여러 차례 대화에 나섰고 결국 북미 제네바 합의에 성공합니다. 만일 제네바 합의를 토대로 북미 간 신뢰가 꾸준히 쌓이고 평화 관계가 성공적으로 구축되었다면 북한이 핵무기 개발하는 것을 중지시킬 기회가 있었을지도 모릅니다. 그러나 미국은 2001년 대북 관계에서 발을 뺐습니다. 공화당 정권으로 바뀌고 난 뒤었지요.(빌 클린턴 정부 다음에 들어선 조지 부시 정부는 네오콘이라고 불리는 신보수주의자들이 장악하고 있었는데 그들은 대북 강경 노선을 따르며 제네바 합의 파기를 주장했다.—옮긴이) 물론 결과는 영원히 알 수 없겠지만 당시에 기회가 분명 있었다고 생각합니다.

당시 빌 클린턴 정부에서 교섭의 목적은 단순히 북한이 핵무기에서 손을 떼게 하거나 대륙간 탄도미사일 개발을 중지시키는 것이 전부가 아니었습니다. 북한의 안전을 다른 방법으로 보장하는 것도 주요 쟁점이었지요. 당시나 지금이나 제 생각은 변함이 없습니다. 북한에게 확실하게 안전을 담보해줄 방법을 발견하지 못하는 한 북한은 핵무기 개발을 멈추지 않을 것입니다. 북한은 과거 수십 년간 '미국이 우리 체제를 무력으로 전복시키려 한다.'고 끊임없이 의심했습니다. 그리고 핵무기야말로 그런 미국을 억지할 수 있으리라 믿었지요.

지금과 같은 상황에서는 북한은 비핵화에 합의한다고 해도 또다시 철회할 것입니다. 성공의 열쇠는 핵 억지력 외에 북한 체제의 존속을 보장해줄 다른 대체 수단을 찾아내는 것입니다.

북한의 핵무장을 막을 기회는 분명 있었다

◇◇◇◇◇◇◇◇◇

말 그대로 북한에서 핵 개발은 미국을 견제하기 위한 수단이군요. 하지만 그런 북한을 미국은 전쟁 직전의 상황까지 몰고간 적이 있습니다. 1994년 봄, 흔히 1차 북핵 위기라고 불리던 때였는데요. 전쟁을 피할 수 있었던 이유는 군사적 행동도 불사하겠다는 미국의 강경 외교가 먹혀서인가요? 당시 국방부 장관이었던 교수님 말과 행동에 전 세계가 주목했는데요.

　당시 우리가 북한과 전쟁 직전까지 간 것은 사실입니다. 실제로 전쟁이 일어났어도 핵전쟁은 피했겠지만, 한국이나 북한은 파멸에 이르렀겠지요. 1994년 10월에 체결된 제네바 기본 합의는 전쟁을 피했다는 점에서 중요한 의미가 있습니다.

　이 합의문에는 크게 두 요소가 들어 있습니다. 하나는 물질적 합의hard agreement입니다. 한국과 일본은 전기 생산을 위해 북한에 경수로발전소를 건설해주고 미국은 원유(중유)를 제공하여 북한의 에너지난을 완화시켜주는 대신, 북한은 영변 핵 시설 건설 중단 및 폐쇄를 이행하기로 한 것입니다. 이 합의는 어느 정도 지켜졌습니다. 예정보다 많이 늦어지기는 했지만 실제 경수로 건설도 개시되었고 중유도 제공되었습니다. 북한도 영변 원자로 가동 및 건설을 중단하지요.

　그리고 제 개인적으로 정신적 합의soft agreement라고 부르는 것이 있습니다. 한국, 미국, 일본은 북한의 체제를 전복시킬 의도가 없다는 믿음을 주는 것입니다. 실제로 우리는 단순한 휴전이 아니라 영구적 평화에 도달하려고 했습니다. 미국에서 평양에 대표를 파견해 언젠가는 대사관 설치로 이어지도록 하는 소통 시스템과 공동 경제 프로그램과 관련해 협의가 이뤄지고 있었습니다. 이런 정신적 합의야말로 북한을 훨씬 안심시켰을지도 모릅니다. 그러나 우리는 이 합의를 끝까지 끌고 가지 못했습니다. 당시 클린턴 대통령은 충분한 의지를 갖고 있었으나, 1994년 중간선거에서 공화당이 상하원을 모두 장악하면서 클린턴 대통령의 대북 유화 정책에 대한 반대가 거세졌습니다. 그러다 보니 결국 실현할 기회를 잡지 못한 거죠.

그 후에 상황은 어떻게 진행되었습니까?

1999~2000년에 미국은 북한의 비핵화와 정상 국가화 방안에 대한 단계적, 포괄적 합의에 한 번 더 도달하려고 애썼습니다.(당시 페리는 대북 정책 로드맵을 담은 '페리 프로세스'를 제시했다.—옮긴이) 그 합의는 정신적인 면을 더욱 강조한 것입니다. 북한이 정상적인 국가가 되도록 경제적, 정치적으로 협조한다는 내용이었죠. 한국, 일본과 북한 사이에서 미국이 실시하려던 경제 계획도 많이 들어 있었습니다. 평양에 미국 대사관을 설치하는 일처럼 양국 간 왕래를 회복하는 것도 포함되어 있었지요.

당시 클린턴 정부가 그 합의에 서명했다면 상황은 크게 달라졌을지도 모릅니다. 나중에 돌이켜보니 이때가 북한과 우호적으로 합의할 수 있었던 마지막 기회 아니었나 싶어요. 그 합의는 적어도 북한의 체제 존속과 안전보장 문제를 해결해주려고 했거든요. 그런 의미에서 보면 북한이 핵무기로 무장하는 일만큼은 막을 수

윌리엄 페리

있었을지도 모릅니다. 물론 실제 역사가 바뀌었을지는 알 길이
없지만 말입니다.

한국 전쟁은 휴전으로 종식되었습니다. 다시 말해 한반도에서
전쟁은 공식적으로 끝나지 않았으며 어떤 의미에서는 아직 진행
중이라고 볼 수 있습니다.

그 또한 대북 문제에 포함되는 사안입니다. 그 시기에 형성된
어떤 합의에서든 상호 간 적대 관계 종식을 포함했어야 합니다.
실제로 우리가 1999년에 시도한 제안에는 그런 내용이 명기되어
있었습니다. 공식적으로 한국 전쟁을 끝내기로 합의하고 대표를
평양에 보내 미국 대사관을 설치한다는 것이었는데요. 그 합의가
공식적으로 성사되어 단계적으로 이행되었다면 상황은 크게 달
라졌을 것입니다. 그것은 북한이 주변국을 위협하지 않고 정상적
인 국가가 되기 위해 필요한 과정이었어요.

전쟁이 능사는 아니다

◇◇◇◇◇◇◇◇◇◇

1994년에 실제 전쟁이 일어났다면 미국은 북한을 완전히 파괴
했겠지요. 그러면 핵무기 개발도 멈출 수 있지 않았을까요?

맞습니다. 우리가 북한을 파괴함으로써 핵무장한 북한의 존재를 지워버릴 수는 있었겠지요. 그러나 북한에는 한국이나 주한미군, 더 나아가 일본 대도시에 막대한 피해를 입힐 공격 능력이 있습니다. 한국 전쟁에 버금가는 사상자가 나왔겠지요. 아마 100만 명에 달했을 것입니다. 핵무기 보유는 저지할 수 있었다 해도 막대한 대가를 치러야 했을 겁니다.

또 사상자의 대부분은 한국인이었겠지만, 일본인이나 미국인도 희생자가 됩니다. 만일 미국에서 군사적인 선택이 옳다고 믿었어도 희생양이 되는 쪽은 한국입니다. 한국이 원하지 않는 전쟁을 미국이 시작할 수는 없습니다. 미국이 북한을 공격하는 순간 한국 역시 대대적인 희생을 치러야 합니다. 따라서 현실적으로 가능한 선택지라고 보지 않았습니다.

트럼프 대통령은 트위터에서 2, 3일 만에 북한을 완전히 파괴할 수 있다고 호언장담해 북한을 도발한 적이 있습니다.

핵무기를 사용하면 미국은 하루 만에도 북한을 파괴할 수 있지요. 그러나 동시에 도쿄나 서울에 북한의 핵미사일이 떨어지는 것을 막지는 못할 것입니다. 그러니 결코 있어서는 안 될 일입니다. 그것은 미국인을 위협하는 일이기도 하니까요.

윌리엄 페리

북한을 단시간에 파괴했다고 해도 한국과 일본에서 사상자가 많이 발생할까요?

북한은 이미 핵미사일을 보유하고 있고 그걸로 도쿄나 서울을 공격할 수도 있습니다. 그러면 미국이 북한에 입히는 피해와 별개로 수백만 명이나 되는 사상자가 우리 동맹국인 한국이나 일본에서 나올 테지요. 장거리 탄도미사일에 의해 미국까지 피해를 입을 수도 있습니다.

결국 북한의 공격을 막기는 어렵다는 건가요?

북한이 먼저 미사일을 발사하는 일은 거의 일어나지 않겠지만, 만일 공격을 받는다면 가능한 많은 미사일을 쏘려 할 것입니다. 그 미사일은 교묘하게 숨겨져 있어서 모든 발사를 사전에 막기란 어렵습니다. 이런 사태는 1년 후가 아니라 당장에라도 일어날 수 있습니다.

우발적 핵전쟁은 언제든 가능하다

◇◇◇◇◇◇◇◇◇

2018년 1월 13일, 하와이 재난관리청Emergency Management Agency

에서 실수로 탄도미사일 공습경보가 발령되는 바람에 엄청난 소란이 일었습니다. 이 사태를 어떻게 보십니까?

어느 나라의 지도자도 다른 나라에 핵전쟁을 일으킬 의도는 없겠으나, 어떤 이유로든 우발적으로 핵전쟁이 발발할 위험은 존재합니다. 우발적 핵전쟁의 여러 시나리오 중 오보에 민감하게 대처한 결과로 전쟁이 발발할 개연성이 가장 높습니다.

우리의 국방 시스템은 오보를 내지 않게끔 설계되어 있습니다. 누구도 흉내 낼 수 없는 시스템이지만, 반드시 100퍼센트 정확하게 작동한다고 확신할 수는 없습니다. 마침 하와이에서 일어난 사건은 직원의 실수(버튼을 잘못 눌렀다.—옮긴이)와 시스템의 미흡함이 맞물려 발생한 사건입니다.

미국 서부에 위치한 콜로라도주에는 미국을 향해 발사된 미사일을 탐지하고 경보를 발신하는 북미항공우주방위사령부NORAD의 미사일 경보 시스템이 있습니다. 오류 발생을 최소화했다는 면에서 하와이의 시스템보다 훨씬 우수한 성능을 자랑합니다. 그럼에도 불구하고 최근 50년 동안 내가 아는 한 세 차례나 오보를 발신한 적이 있습니다. 모두 소련에서 미사일 수십 발이 미국으로 발사되었다는 경보였습니다. 다행히 시스템이 오작동을 일으킬 때마다 사태가 더 커지기 전 사람들이 오류임을 확인해 파국을 피할 수 있었지요.

윌리엄 페리

어떤 경우든 자칫 섣불리 반응했다면 미국이 반격했을 수도 있었겠네요.

세 번의 오보 중 하나는 미국이 위협적으로 반응할 만큼 진짜 같았습니다. 우발적 핵전쟁은 언제든 가능성이 있습니다. 그러니 위험은 늘 옆에 도사리고 있는 것입니다.

핵무기가 안전보장에 어떤 영향을 미치는가에 관해서는 적어도 두 가지 견해가 있습니다. 핵무기가 없으면 우리는 훨씬 위험한 상태에 빠진다는 견해와, 핵무기는 안전을 보장해주기는커녕 인류를 더욱 위기로 내몰고 있다는 견해입니다. 그중 교수님은 후자의 입장으로 알려져 있습니다. 현 미국 정부는, 또 트럼프 대통령은 어느 입장입니까?

미국 정부에는 정말 많은 사람이 있습니다. 그들 중 제 뜻을 이해하는 사람도 물론 있을 테고요. 하지만 현 정부에서 어떤 명확한 협의가 이루어지지는 않았다고 알고 있습니다. 트럼프 대통령에 대해서는 잘 모르나, 그가 저와 같은 입장이라고 판단할 만한 태도는 보지 못했습니다.

인간은 실수를 반복한다

◇◇◇◇◇◇◇◇◇

교수님은 하와이에서 한바탕 소란이 일었던 날 당일에 "우발적인 핵전쟁은 단순한 가정이 아니다. 과거에 비슷한 사건은 여러 번 있었다. 그리고 인간은 재차 과오를 범할 수 있다. 수백만 사람들의 목숨이 위태로울 수 있기에 우리는 단순히 실수가 일어나지 않기를 기도하는 것 이상으로 뭔가를 해야 한다."는 글을 트위터에 올렸습니다. 구체적으로 어떤 일을 할 수 있을까요?

우선 정치인들이 우발적 핵전쟁의 위험성을 제대로 인지하지 못하고 있으니 당장 효과적인 조치가 취해지기는 상당히 어려울 것입니다. 또한 이 자리에서 무엇을 할까에 관해 이야기한들, 대중의 지지 없이는 시행되지 않겠죠. 그래서 나는 정치적 활동보다는 교육, 즉 대중의 이해를 높이는 데 힘을 쏟고 있습니다. 물론 즉각적인 정치적 행동도 기대해볼 수 있으나 핵 문제는 해결에 오랜 시간이 걸릴 것입니다. 따라서 먼저 장기적 관점에서 교육을 통해 핵의 위험성을 일반 대중이 절실히 깨닫도록 해야 합니다.

현재 스탠퍼드 대학교에서 핵무기에 관한 강의를 하고 있다고 들었습니다.

윌리엄 페리

네, 앞서 말한 교육의 일환으로 오랫동안 스탠퍼드 대학교에서 학생들에게 핵무기의 위험성을 알려왔습니다. 그러나 한 번의 수업에서 가르칠 수 있는 학생은 수백 명에 불과하기 때문에 이걸로는 충분하지 못하다는 생각이 들기 시작했습니다. 그래서 핵무기의 위험성에 대한 제 경험과 확신이 대중에게 닿기 위한 대규모 프로젝트를 시작하게 되었는데요. 그 첫 번째가 『핵 벼랑을 걷다』라는 책입니다.

책에서 특히 "미래에 핵전쟁이 일어나면 그것은 죽음과 파괴로 끝나지 않고 문명의 종언을 초래한다."라는 말이 인상적이었습니다. 북한에 의한 핵 공격 위협에 노출된 사람들이라면 결코 가볍게 볼 수 없는 문구였어요.

책을 출간하면 적어도 수천 명을 계몽할 수 있습니다. 책뿐만 아니라 인터넷도 큰 도움이 됩니다. 인터넷을 통해 수백만 명에게 메시지를 보낼 수 있으니까요. 나는 날마다 인터넷에서 정보를 확산하고 진실을 알리고 위험을 경고하는 데 많은 에너지를 쏟고 있습니다. 또한 인터넷 강의 중 첫 2회분을 누구나 무료로 들을 수 있게 했습니다. 이런 온라인 강좌를 전 세계에 어떻게 해야 효과적으로 전파할 수 있을지가 늘 숙제입니다.

김정은은 가장 성공한 경영자

◇◇◇◇◇◇◇◇◇

전문가 중 일부는 김정은 위원장이 한반도를 통일하고 말겠다는 야망에 젖어 있다고 말합니다.

그런 증거는 없습니다. 만일 그에게 한반도를 통일하겠다는 야망이 꿈틀거린다 해도 달성할 가능성은 전혀 없습니다. 그는 자국 체제를 보전할 수 있는 발판을 확보하는 것을 최우선 목표로 삼고 있습니다. 즉, '김씨 왕조'가 영원히 존속하기를 바라는 거죠.

북한을 핵보유국으로 인정하는 쪽이 핵을 포기하게 하는 것보다 훨씬 간단한 방법이라는 시각도 있습니다. 인도나 파키스탄도 핵보유국으로 사실상 인식되고 있으니 북한도 그 대열에 끼지 못할 이유가 없다는 의견입니다.

북한, 파키스탄, 인도가 핵무기를 보유하고 있는 것은 사실입니다. 그렇다고 해서 우리가 그들을 핵보유국^{nuclear power} *이라 불러야 하는가는 여전히 민감한 문제입니다. 그들이 핵무기를 갖고 있다는 사실은 중요하지만, 공식적으로 국제사회가 핵보유국이

---

* 핵무기를 보유하고 있거나 핵실험을 실시한 국가로, 핵확산금지조약에서 인정하는 공식적인 핵보유국은 미국, 영국, 러시아, 프랑스, 중국이다.

윌리엄 페리

라고 인정하는 것은 별개의 문제거든요.

하지만 미국이나 국제사회는 인도나 파키스탄에 핵무기를 포기하도록 제재하지 않습니다.

인도나 파키스탄은 핵확산금지조약NPT 미가입국입니다. 반면 북한은 핵확산금지조약 가입국입니다. 일방적으로 탈퇴를 선언하기는 했지만 국제사회는 여전히 가입국으로 판단하고 있습니다. 원래 핵확산금지조약에 가입하면 핵보유국의 원자력 기술과 물질을 제공받을 수 있고 북한도 그 수혜를 누렸습니다. 그러니 추후 탈퇴를 선언하고 핵 개발에 나서면 당연히 제재 대상이 됩니다. 또한 북한을 핵보유국으로 인정하게 되면 동북아의 주변국들도 안보를 명분으로 핵 개발에 착수할 테니 단순히 인정하고 말고의 문제가 아닙니다.

《포린 어페어스Foreign Affairs》에 "김정은은 가장 성공한 CEO"라는 기사가 실렸던데, 이건 어떤 의미인가요?

우선 북한 체제가 미쳤다고, 상식을 벗어났다고 주장하는 사람이 있는데, 냉철하게 보면 단순히 미쳤다고 보기에 김정은은 너무도 성공적으로 목표를 달성했습니다. 그는 자신의 카드를 매우 교묘하게 이용해 대부분의 목적을 이루어냈으며, 우리는 그 점을 인정할 수밖에 없지요.

그에게 가장 중요한 가치는 오직 체제 유지이므로 섣불리 핵무기를 사용해버리면 그 목적을 달성하지 못하게 됩니다. 오히려 그는 이성적인 계획까지 준비해놓고 그 계획에 따라 움직이고 있습니다. 목적대로 일이 잘 진행되는 한 일방적으로 핵무기를 사용하는 일은 없을 것입니다. 김정은이 합리적으로 자기 목적을 추구하고 있다는 점에서는 그는 미치지 않았습니다.

북한이 많은 일본인을 납치한 목적 중 하나는 일본과의 교섭에서 우위에 서기 위해서라고 보기도 하는데, 그렇다면 이 역시 목적에 부합하는 합리적인 행동이라고 할 수 있나요?

만일 교섭 우위가 북한의 목적이라면 전혀 성공하지 못한 경우 같습니다. 납치는 북한에 아무런 이득을 주지 못하니까요. 북한이 왜 그런 위험하고 경솔한 행동을 저질렀는지 이해가 안 되네요.

테이블 위에는 외교가 있었다

◇◇◇◇◇◇◇◇

지난날을 돌이켰을 때 대북 관계에 있어 이것만큼은 했어야 했

윌리엄 페리

다고 아쉽게 생각하는 점은 무엇입니까?

2000년 북미 비핵화 합의를 마무리하지 못한 점이요. 만일 그 랬다면 그때 북한을 멈출 수 있었을지도 모르고, 어찌 되었든 그 후의 상황은 상당히 다르게 흘러갔을 것입니다. 서명 하나로 북 한이 지금 하는 일을 10년은 늦출 수 있었겠지요. 그 합의에 따 르면 핵실험이나 장거리 미사일 훈련이 불가능했을 테니까요. 결국 지금과 같은 위기 상황까지는 오지 않았을 것이라는 말입 니다.

하지만 지금 나누는 이야기는 만일의 경우에 지나지 않으며 실 제로 그러했을지 증명할 길도 없습니다. 북한이 핵무기를 보유 하고 있고 핵무기를 실어 나를 수 있는 미사일도 갖고 있다는 사 실을 우리는 진지하게 받아들여야 합니다.

렉스 틸러슨Rex Tillerson 전 미국 국무부 장관(2017년 2월~2018년 3월)은 북한을 향해 모든 선택지가 테이블 위에 놓여 있다고 발언 했습니다. 김정은 위원장은 그 발언을 진지하게 받아들였을까요? 아니면 반은 흘려들었을까요?

정치 지도자가 모든 선택지는 테이블 위에 놓여 있다고 말하는 건 '나는 앞으로 무엇을 해야 할지 모른다.'는 속내를 숨기기 위해

서입니다. 그래서 저는 틸러슨 전 장관의 발언을 진지하게 생각하지 않았습니다.

하지만 교수님은 1994년 당시 실제로 군사 옵션을 고려하고 있지 않았나요?

테이블 위에 놓여 있던 것은 어디까지나 통상적인 군사 행동입니다. 핵전쟁이 아니고요. 순항미사일을 사용해 평양을 공격할 태세에 대해 논하고 있긴 했지만 어디까지나 외교가 우선이었으며 실제 공격하려는 의도는 없었습니다. 실제로 미국이 북한을 공격하면 한국이 막대한 피해를 입을 테니까요. 뿐만 아니라 수십만 명에 이르는 희생자가 발생했겠지요. 평양 공격이 선택지에는 들어 있었으나 테이블 위가 아니라 아래 서랍에 들어 있었습니다. 즉, 테이블 위에는 외교가 있었다는 말입니다. 그렇기에 모든 선택지가 테이블 위에 놓여 있다는 표현을 사용하지 않았던 것이고요. 또 핵무기 사용은 처음부터 테이블에 들어오지도 않았습니다. 선택 자체를 고려한 적이 없으니까요.

윌리엄 페리

❖❖❖

에필로그

나는 지금까지 전 세계를 돌며 수천 명에 달하는 전문가들을 취재해왔다. 하지만 이 책 출간을 계기로 독점 인터뷰를 감행한 상대는 실로 세계적 지성이라 할 만한 독보적인 인물들이다. 특히 유발 하라리, 재레드 다이아몬드, 닉 보스트롬, 린다 그래튼은 저서가 여러 언어로 번역되어 베스트셀러를 기록할 만큼 전 세계의 주목을 받는 석학들이다.

세계 최고의 지성이라고 하는 그들과 미래에 대해 이야기한 것이 모여 이 책이 탄생했다. 그들의 예리한 논리는 같은 방향을 향하기도 하고, 서로 반대 방향을 가리키기도 한다. 가령 인공지능이 초래할 사회 변화에 대해 유발 하라리는 '대량의 실업자가 발생한다.'고 우려한 반면 닉 보스트롬은 '인공지능이 모든 것을 대신해주는 이상적인 상황이 실현된다면 인간은 더 많은 여가를 누릴 수 있다.'며 낙관했다. 뛰어난 석학들조차 서로 다른 의견을 내놓는 이런 어려운 상황이 우리 앞에 놓여 있다.

어느 쪽이든 여덟 거장 모두에게서 받은 공통된 인상은, 그칠 줄 모르는 지적 탐구, 과거와 현재에 관한 솔직한 고백, 그리고 대담한 고찰이다. 그들과의 대화는 늘 새로운 발견으로 넘쳐났고 상당히 흥미진진했다. 나와 함께 독자들도 지식의 대양에서 희열을 만끽할 수 있으면 좋겠다.

보통 우리는 하루하루 눈앞의 일에 쫓기다 보니 미래에 관해 깊이 생각하지 못할 때가 많다. 하지만 앞날에 대한 고민은 인간만의 권리이자 능력임을 잊어서는 안 된다.

미래는 불확실하지만, 실제로 미래를 완성해가는 과정이 곧 미래를 위한 사고이며 이 사고로부터 탄생하는 의지 자체가 곧 미래라고 할 수 있다. 독자 여러분이 다가올 미래를 생각할 때 이 책이 작은 길잡이가 되기를 소망한다.

지금까지 인터뷰는 영국의 런던과 옥스퍼드, 이스라엘의 예루살렘, 미국 캘리포니아와 뉴저지에서 진행했으나, 세계를 일주하듯 한 번에 취재한 것은 아니다. 이 책 내용의 일부는 월간지《보이스Voice》(PHP 연구소)와 웹 미디어 〈뉴스 픽스News Picks〉에 게재되었다. 재레드 다이아몬드와 윌리엄 페리는 2018년 5월에 추가로 취재했다.

마지막으로 흔쾌히 인터뷰에 응해준 여덟 명의 석학들에게 진심으로 경의를 표한다. 그리고 《보이스》 편집장 나가타와 담당 편집자 나카니시, 서적에 게재할 수 있도록 허락해준 전 담당 편집자 노무라에게도 감사하다. 잡지 게재 때부터 함께 달려주었고 책으로 나오기까지 귀중한 조언을 아끼지 않은 PHP 신서 편집부의 재색을 겸비한 편집자 오이와에게도 이 자리를 빌려 고마움을 전한다.

2018년 6월
도쿄에서
오노 가즈모토

✤ ✤ ✤

원고 출처

유발 하라리, 〈뉴스 픽스〉 2017년 2월 22일~26일

재레드 다이아몬드, 《보이스》 2013년 7월호, 2018년 7월호

닉 보스트롬, 《보이스》 2018년 5월호

린다 그래튼, 〈뉴스 픽스〉 2017년 5월 29일(30일)~6월 2일

다니엘 코엔, 《보이스》 2018년 4월호

조앤 윌리엄스, 《보이스》 2018년 2월호

넬 페인터, 《보이스》 2018년 1월호

윌리엄 페리, 《보이스》 2018년 3월호

옮긴이 **정현옥**

대학교에서 일본 문학을 전공한 후 일본으로 건너가 학교와 직장을 다니며 7년을 보냈으며, 현재 출판 기획 및 번역에 힘쓰고 있다. 번역한 작품으로 『결국 성공하는 힘』, 『스스로 배우는 학생을 만드는 가르치지 않는 수업』, 『나는 일주일에 이틀만 일하기로 했다』, 『기다림의 힘』, 『영어로 하는 영어 수업』 등이 있다.

초예측

초판 1쇄 발행 2019년 2월 8일
초판 26쇄 발행 2023년 2월 20일

지은이 유발 하라리 외 7인 **엮은이** 오노 가즈모토 **옮긴이** 정현옥

발행인 이재진 **단행본사업본부장** 신동해
편집장 김경림 **책임편집** 이민경 **디자인** 박진범
마케팅 최혜진 이은미 **홍보** 최새롬 반여진 정지연
국제업무 김은정 **제작** 정석훈

브랜드 웅진지식하우스
주소 경기도 파주시 회동길 20
문의전화 031-956-7350(편집) 02-3670-1123(마케팅)
홈페이지 www.wjbooks.co.kr
페이스북 www.facebook.com/wjbook
포스트 post.naver.com/wj_booking

발행처 ㈜웅진씽크빅
출판신고 1980년 3월 29일 제406-2007-000046호